MUJER, ¿DÓNDE ESTÁS?

Poniendo a la Mujer en su Lugar

Hugo E. Martínez Loustaunau

Lulu-Publishing y Zoe Christian Fellowship, Global Ministries

Mujer, ¿dónde estás?

Todas las citas de las Escrituras, a menos que se indique lo contrario, se toman de la Santa Biblia, Nueva Versión Internacional®, NIV®. Copyright © 1973, 1978, 1984, 2011 por Biblica, Inc. ™ Utilizado con permiso de Zondervan. Todos los derechos reservados en todo el mundo. www.zondervan.com La "NIV" y la "Nueva Versión Internacional" son marcas comerciales registradas en la Oficina de Patentes y Marcas de Estados Unidos por Bíblica, Inc. ™

Mujer, ¿dónde estás?
Poniendo a la Mujer en su Lugar

Lic. Hugo Eduardo Martínez Loustaunau
www.vidazoeglobal.com
Teléfono: 001 909 562 6844
San Bernardino, California
Estados Unidos

9 781312 628915

Copyright© 2023

Ninguna parte de este libro puede ser reproducida o transmitida de ninguna forma ni por ningún medio, electrónico o mecánico, incluyendo fotocopias, grabación o cualquier sistema de almacenamiento y recuperación de información, sin permiso por escrito del editor. Por favor dirija sus preguntas a **www.vidazoeglobal.com** en la sección, Contáctanos.

Mujer, ¿dónde estás?

Dedicatoria

Le dedico este libro a tres mujeres que han sido de gran ejemplo al verlas superar cualquier obstáculo que se les ha presentado, y al mismo tiempo, seguir creciendo y desarrollándose como grandes líderes.

A mi esposa amada, Pastora Yolanda Martínez,

A mi hermana y excelente aprendiza, Jacqueline Martínez de Valles,

y

A mi Discípula fiel, Pastor Susy Morales Hernández

Mujer, ¿dónde estás?

Contenido

Prólogo		9
Líderes Comparten		11
Introducción		13
Capítulo 1	Génesis	18
Capítulo 2	La Consecuencia	21
Capítulo 3	No lo digo yo, lo dice Pablo	27
Capítulo 4	El otro lado de la Moneda	31
Capítulo 5	Mujer Inspirada	35
Capítulo 6	Concepto Bíblico sobre la Mujer	39
Capítulo 7	Jesús y su Acercamiento a las Mujeres	43
Capítulo 8	La Distinción	53
Capítulo 9	La Ordenación de la Mujer al Ministerio	59
Capítulo 10	Sexo Débil	65
Capítulo 11	Contra Viento y Marea	73
Capítulo 12	¿Qué con la Ama de Casa?	80
Capítulo 13	Clarificando las Cosas	85
Conclusión		89
Agradecimiento		91
Sobre el Autor		93
Bibliografía		94

Mujer, ¿dónde estás?

Mujer, ¿dónde estás?

Prólogo

QUE INSTRUMENTO TAN VALIOSO PARA SER LEÍDO

La mujer juega un rol muy importante en todos los aspectos de la vida, como hija, como señorita, como estudiante, como trabajadora, como empresaria, como esposa, como madre, como nuera, como suegra, en la iglesia como ministro del evangelio de Cristo, y en la sociedad.

La mujer fue diseñada para servir en todos los aspectos de la vida, reconociendo que Dios la hizo a su imagen y semejanza dotada con maravillosos dones en su ser interior. Dios valora y dotó tanto al hombre varón como a la mujer varona para manifestar su imagen y semejanza. Gracias a Dios que nuestro Padre no es machista para relegar, o hacer a un lado a la mujer, o tenerla en poco, ella es de mucho valor para Él. La mujer jamás debe ser vista de poco precio, o de poco valor.

¿Por qué puse como título en el prólogo "**que instrumento tan valioso para ser leído**"? Porque conozco a mi amigo, hermano y consiervo Apóstol Hugo Martínez por muchos años, y mentor de mi hija pastor Susy Morales. Un varón dedicado a sus funciones seculares como espirituales y en este libro comenta su deseo ferviente de muchos años, escribir sobre la mujer que en su momento le puso el título en pregunta ¿Mujer dónde estás? Y su deseo se cumplió con su dedicación y esfuerzo.

Este valioso instrumento será de mucha edificación para el lector, mayormente para todo ministro en especial para obreros, y pastores, que dirigen el rebaño del Señor, ya que este libro con sus trece capítulos contiene mucha información, y formación con bases bíblicas sobre la función de la mujer varona de Dios, en el ministerio tanto en el Viejo Testamento, como en el Nuevo Testamento, y no confundir el **"género"** con los **"dones del Espíritu"** que nada tiene que ver con el género o sexo masculino.

Siervo del Señor: César Alfredo Morales Ibarra
Dr. En Filosofía en la Educación Teológica

Poniendo a la Mujer en su Lugar

Mujer, ¿dónde estás?

Líderes Comparten

Con un título cautivador, Apóstol Hugo logró intrigarme. El tema abordado, si bien no es popular, está bien expuesto, no sólo con ejemplos de nuestra era, sino también con el respaldo de las Escrituras. Me ha hecho reflexionar sobre cómo la cultura ha moldeado no sólo mi forma de pensar sino también mis creencias, lo que podría limitarme al propósito que Dios tiene para mi vida. Y en su momento, escuchar Su voz preguntándome, "Mujer, ¿dónde estás?"
Ministra, Arlene Valdivia
Abounding Ministries
El Elsinore, California, EUA

Desde el principio de la creación Dios ha tenido un plan específico para la mujer, en todas las áreas de la vida, no solamente en casa como madre y esposa, sino que también como líder, emprendedora, ministra del evangelio, cónyuge, soltera, viuda, etc. En todos los aspectos y toda circunstancia la idea es que cada persona cumpla con el propósito de Dios, se desarrolle, sea fructífera y goce de la vida. Cada mujer de Dios tiene algo para aportar, confío que con la lectura de este libro podamos visualizar lo que Apóstol Hugo nos expone en cada capítulo y dar apertura a ver la importancia del rol de las mujeres en el ministerio.
Pastor Susy Morales
Comunidad Cristiana Zoe de Rialto
San Bernardino, California, EUA

En este libro, el apóstol Hugo Martínez nos describe la gran importancia y valor que representamos las mujeres. Describiendo el valor del rol de la mujer desde la creación, mediante el ministerio de Jesús, su muerte, resurrección y ascensión, y cómo fue de gran importancia en la iglesia primitiva, tomando parte activa en lugares importantes en todo ministerio. Mujer, ¿Dónde estás? Espero que este libro sea de bendición y de desafío, como lo fue para mí.
Adalí Torres Hernández
Iglesia del Señor
El Súchil, Guerrero, México

Un libro revelador y de gran enseñanza. Pude constatar que la mujer, desde el principio de los tiempos fue de gran valor para su familia y comunidad, que mujeres que arriesgaron todo por su propósito, no haciéndose un lado para dejar que el hombre, ni la sociedad tomara el control de sus vidas, si no que, siguieron su llamado divino. Mujeres cumplieron su propósito sin dejar su rol de mujer, esposa, hija y esencia. Este libro será de gran impacto para todo lector, podrán viajar página por página por grandes pasajes bíblicos y hechos históricos que mencionan el sentido y propósito de la mujer. También, descubrirán que Dios creó a la mujer como ayuda idónea, no para subyugarla, y que la mujer en su esencia tiene la capacidad de llegar a ocupar lugares de liderazgo, tanto en lo laboral, empresarial, como en el hogar. ¡La mujer tiene el poder de transformar vidas!

Jacqueline Martínez de Valles
Ama de Casa y Emprendedora
Durango, Durango, México

Como una joven, mujer de Dios de 21 años, aprendiendo acerca de mi propósito en este mundo, este libro ha sido una tremenda bendición. Cada capítulo ha expandido mi mente, junto con mi línea de pensamiento sobre lo poderosas que son las mujeres cuando se dejan usar por Dios para cumplir su propósito. Además, como inconscientemente este mundo ha traído una perspectiva negativa de la mujer desde tiempos antiguos, este libro nos muestra a las mujeres el poder que Dios nos ha dado. ¡Gracias Apóstol Hugo por compartir!

Jurixy Matute
Comunidad Cristiana Zoe de Rialto
San Bernardino, California, EUA

Introducción

"Engañoso es el encanto y pasajera la belleza; la mujer que teme al Señor es digna de alabanza"

Proverbios 31:30

Este libro se ha escrito con el ferviente propósito de clarificar un tema que por años se ha manejado en confusión y muchas veces con objetivos erróneos. El presente trabajo ha sido cuidadosamente investigado y preparado con toda honestidad personal sobre el tema. Creo que, por muchos años, he venido preparándome para confiadamente expresar la importancia de la mujer en el Reino de Dios, la sociedad, comunidades y el futuro del mundo por venir. Las ansias de escribir sobre este tema se originan por lo que, hasta ahora, he podido ver, vivir, aprender mediante experiencias personales, el estudio de la Palabra de Dios y eruditos. La primera vez que escribí al respecto fue específicamente en un ensayo que entregué cuando me encontraba estudiando Teología y Religiones en la Universidad Liberty, en Virginia, EUA, la universidad cristiana más grande en el mundo, con una base muy conservadora. El título del ensayo fue, "La Mujer en el Ministerio".

Creo que más que nunca este mensaje es de magna importancia ya que tanto, la mujer, como el hombre requiere claridad de roles.

Vemos mujeres queriendo tomar el lugar de hombres, y hombres el de mujeres. Mujeres se sienten en cuerpos ajenos y buscan cambiarlo a similitud masculina, hormonas, cirugías y citas a terapia psiquiátrica.

En otra ocasión escribiré sobre la importancia del hombre, en este momento es tiempo de la mujer, es tiempo "de ponerla en su lugar", algo que, a nivel mundial, organizaciones en defensa de la mujer lo han venido haciendo, dejando a la mayoría de las Iglesias Cristianas rezagadas. Por ejemplo, el Sr. António Guterres, secretario general de la ONU, ha declarado que lograr la igualdad de género y empoderar a las mujeres y las niñas es la tarea pendiente de nuestro tiempo y el mayor desafío de derechos humanos en nuestro mundo.[1]

El Dr. Ben Gutiérrez, Co-Rector y Vicepresidente de Asuntos Académicos en la Universidad Liberty, comenta que "Dios busca siervos, y cuando encuentra hombres y mujeres dispuestos a ser moldeados como siervos, las posibilidades se vuelven ilimitadas".[2] Mi deseo es que al finalizar este libro, y por tu disposición a servir a Dios, puedas gozar de esas posibilidades ilimitadas.

La suprema dignidad del ser humano (hombre y mujer) se expresa en el concepto que ha sido creado "a la imagen de Dios".[3]

---

[1] "Gender Equality." *United Nations*. United Nations, n.d. Accessed May 3, 2023. https://www.un.org/en/global-issues/gender-equality.
[2] Earley, Dave; Gutiérrez, Ben (2012-09-06). Ministerio es . . . (Spanish Edition) (Kindle Locations 254-255). B&H Publishing. Kindle Edition.
[3] Gn 1:27

Mujer, ¿dónde estás?

Después de la caída, una observación a las sociedades, primitivas y civilizadas, nos llevan a una consideración dolorosa, la mujer frecuentemente ha sido abusada, oprimida y degradada. Sin embargo, en el Viejo Testamento, vemos que la mujer ocupaba posiciones encumbradas, tales como la de profetiza, juez, líder o gobernante.[4]

Para Dios, no existe diferencia entre una mujer y un hombre[5], y en lo que cabe al lugar de las mujeres en la jerarquía eclesiástica, ha sido mal interpretado. Felipe, apóstol de Jésus, tenía cuatro hijas que profetizaban.[6] Febe tenía el rango de diácono y Junias se cuenta entre los apóstoles.[7] Esto en sí mismo no era nuevo o diferente, pues en ese momento, al menos en algunas iglesias, las mujeres predicaban y profetizaban sin ninguna restricción de género.[8]

Lo que ha sucedido es que durante el siglo segundo, en sus esfuerzos por evitar toda doctrina falsa, la iglesia centralizó su autoridad, y las mujeres quedaron excluidas del ministerio de la predicación. Pero todavía a principios del siglo segundo, Plinio (quien fue un comandante naval y del ejército de principios del Imperio

---

[4] Ex. 15:20; Núm. 12:2; Jue. 4:4-5;Cr. 34:22; 2 Reyes 11; Ester 1-10
[5] Gal 3:28
[6] Hch 21:9
[7] Elwell, Walter A. "T." In *Evangelical Dictionary of Theology*, 1286. Second ed. Grand Rapids, Michigan: Baker Publishing Group, 2001.
[8] Gonzalez, Justo L. (2014-11-25). The Story of Christianity: Volume 1 (Kindle Locations 1773-1774). HarperCollins. Kindle Edition.

Romano), le dijo a Trajano (emperador romano del 98 al 117), que había hecho torturar a dos "ministras" de la iglesia cristiana.[9]

La palabra "anciano" fue adoptada de la sinagoga Judía, y era considerado como un representante del pueblo en el orden de los asuntos de la iglesia.[10] No obstante, la Iglesia instituyó algo nuevo, el diaconado. La Escritura enlista a los diáconos junto a los obispos. Los diáconos deben de demostrar un estilo de vida moral ejemplar y de fe firme. Por la mención que hace Pablo en sus cartas, es perentorio que mujeres sirvieron en esta oficina.[11]

Las raíces de la iglesia se originan en el temprano Israel, donde la mujer ocupaba posiciones importantes, y tenían fuerte influencia en la comunidad creyente. Mujeres sabias jugaron considerable rol en la vida moral y política de Israel.[12] La mujer llegó a ministrar durante toda la historia de Israel, y nunca se le prohibió una posición de liderazgo. Sin embargo, actitudes hacia las mujeres, y concomitante a su posición, se hundieron en el judaísmo posterior, ya que entró en contacto con la misoginia helenística.[13]

---

[9] Ibid.
[10] Elwell, Walter A. "T.", 369,370.
[11] Rom 16:1; 1 Tim 3:11
[12] Elwell, Walter A. "T.", 1281-1282.
[13] Ibid,1289-1292.

Mujer, ¿dónde estás?

En contraste, Jesús aceptó a la mujer como estudiante y discípula.[14] Pinturas antiguas de las catacumbas muestran a mujeres en una posición de autoridad como obispo, confiriendo bendiciones a cristianos de ambos sexos. Sin embargo alrededor del año 350 en adelante, en diversos concilios como el de Laodicea, se empezó a prohibir el involucramiento de la mujer.[15] Jesús, por otro lado, mandó a todos sus discípulos a predicar y sanar, y la Gran Comisión fue dada sin distinción de género. En el día de Pentecostés, el Espíritu Santo descendió tanto en hombres como en mujeres.[16]

Por lo tanto, te invito a leer este libro que cuidadosamente escribí para ti. Dame la oportunidad de compartir la belleza de la Verdad en la Escritura. Para algunas personas, leer las páginas de este libro podrá ser doloroso, para otras las aliviará, otros encontrarán revelador el mensaje, otros serán liberados, o quizás transformados. Mi oración es que pueda añadir Valor a tu jornada del trabajo de la vida, personal, organizacional y más importante, espiritual.

---

[14] Mat. 27:55-56; Mar. 15:40-41; Luc. 8:1-3
[15] Elwell, Walter A. "T.", 1290.
[16] Ibid, 1286.

Capítulo 1

Génesis

"Pero por la gracia de Dios soy lo que soy, y la gracia que él me concedió no fue infructuosa. Al contrario, he trabajado con más tesón que todos ellos, aunque no yo, sino la gracia de Dios que está conmigo"

1 Corintios 15:10

Es importante que empiece por el principio. Este se encuentra en el libro de Génesis, que quiere decir lo mismo. El génesis del ser humano y en particular, la MUJER. Al comprender el comienzo podremos entender con más claridad el presente, y prepararnos para el futuro.

Cuando Dios creó al ser humano, lo creo hombre y mujer.[17] Dios en su divina sabiduría dijo que no estaba bien que el hombre se encontrara solo. Así que, echó a dormir al primer hombre y sacó la primera mujer de la costilla de Adán. Dios pone claro, en el segundo capítulo de Génesis, que no se encontró ninguna ayuda adecuada para Adán y, por ende, creó a la mujer. La palabra "ayuda" adecuada, en su lengua original es, **ʻêzer** que su raíz primitiva es **ʻâzar**, que significa: rodear, es decir, proteger o asistir/auxiliar: - ayudar, socorrer.[18]

---

[17] Gn 5:1-2
[18] Rick Meyers, H5428,H5428,e-Sword,2022.

Mujer, ¿dónde estás?

Consecuentemente, Dios sabía de la necesidad del hombre de ser —protegido, asistido, auxiliado, ayudado y socorrido—, y creo que es esa misma ayuda la que el hombre, hasta la fecha necesita. Cabe mencionar que, en ese momento, no sólo se crea a un ser, de otro ser, sino que también se da origen a la institución del matrimonio monógamo. Fue la primera vez que lo que había estado unido se había separado por el milagro de la creación, ya que, de la costilla del hombre, Dios creó a la mujer, para después, volverse a fundir en un solo ser.[19] *La unión de lo que había estado unido.* Habría que complementarse uno al otro, cada uno en su rol. Sólo que, ellos tomaron una decisión que cambió totalmente el destino de la humanidad. Por primera vez sintieron vergüenza, por primera vez el temor los invadió. Y esto a consecuencia de "fallar al blanco, perder el derecho",[20] que es precisamente lo que quiere decir PECADO, fallarle al blanco.

Dice la Escritura que Dios se encontró con la mujer y el hombre cuando estos se habían escondido. Los confrontó, Adán le dijo a Dios que se escondieron ya que se encontraban desnudos. Habían comido del fruto del conocimiento del bien y el mal. Sus emociones descubrieron el mal y, por ende, el temor. El bien había sido un paraíso para ellos, pero el mal trajo consigo el temor. El creador vio a su creación y su caída, así que les comunicó sobre las consecuencias de

---
[19] Gn., 2:24
[20] Gn., 4:7; Rick Meyers, H2403.

sus actos. El predicador texano, John Hagee, dice repetidamente en sus prédicas que el día que él muera le va a reclamar a Adán por haber sido desobediente, ya que por su culpa toda la humanidad, hasta la fecha, ha tenido que pagar el precio de su inobediencia. Yo creo que, Adán representa totalmente nuestra naturaleza, y hasta el pastor Hagee hubiera desobedecido. Es decir, caíamos porque caíamos ya que *"todos somos como gente impura; todos nuestros actos de justicia son como trapos de inmundicia. Todos nos marchitamos como hojas; nuestras iniquidades nos arrastran como el viento"*.[21] Empero, Dios ya tenía la solución para cambiar esa naturaleza, de lo que hablaremos más adelante.

La serpiente sufrió las consecuencias por haber engañado a la mujer, la mujer también sufrió las consecuencias por haber sido engañada, y el hombre por haber comido del fruto.[22] Y desde ese momento, el mal entró en la tierra y en la vida de la humanidad. Por consiguiente, todo ser humano vive con un corazón que busca como hacer el mal, como maquinar la perversidad, con la boca llena de maldiciones y amargura.[23] La triste historia del ranchero enamorado, decían en mi tierra natal, Durango.

---

[21] Isa 64:6
[22] Gn 3:14-17
[23] Rom 3:14

Capítulo 2
La Consecuencia

"Tiende la mano al pobre, y con ella sostiene al necesitado. Si nieva, no tiene que preocuparse de su familia pues todos están bien abrigados"

Proverbios 31:20-21

Ahora veamos las consecuencias que Dios advirtió que sufriría la mujer. "Multiplicaré tus dolores en el parto, y darás a luz a tus hijos con dolor. Desearás a tu marido, y ***él te dominará***".[24] Podemos atestiguar que todo lo referente a las consecuencias que sufrió Eva, son parte de lo que pasa con la mujer hasta hoy en día. No obstante, quiero enfocarme en el área que dice: "él te dominará". Esta palabra que usó Moisés cuando escribió el libro de Génesis connota el dominio, señorío, poder y gobierno[25] que el hombre ejerce sobre la mujer en casi toda cultura humana, por miles de años, y es consecuencia de la caída. Por miles de años el hombre ha manifestado el poderío sobre la mujer, incluso al grado de ***misoginia, y machismo***.

La misoginia es una palabra que se origina del griego y que de acuerdo con la Real Academia Española quiere decir aversión a las mujeres.[26] Los griegos y su cultura helenista tomaron muy enscrio su

---

[24] Gn 3:16
[25] Rick Meyers, H4910.
[26] https://dle.rae.es/misoginia?m=form

aversión a la mujer. Las mujeres griegas prácticamente no tenían derechos políticos de ningún tipo y estaban controladas por hombres en casi todas las etapas de sus vidas. Si alguna de ellas no aceptaba la propuesta de matrimonio que le hacia un hombre, este tenía el derecho de demandarla por daños. Más aún, los deberes más importantes para una mujer que habitaba en la ciudad eran tener hijos, preferiblemente varones, y administrar el hogar, consideradas de segunda clase, no podían comer en la mesa con su marido e hijos, y si se diera el caso de separación conyugal, ellas tendrían que marcharse de casa sin hijos y sin nada, sólo por mencionar algunas cosas sobre esta cultura helenista.

De acuerdo con el Dr. Prince Parker, la misoginia se enfoca 100% en la relación e interacción entre un hombre y una mujer en particular o mujeres. De alguna manera, podría manifestarse de la misma manera que el machismo, pero con una concentración de lupa—que subraya lo antifeminista.[27]

Por otro lado, El machismo es: "Actitud de prepotencia de los varones respecto de las mujeres y también, forma de discriminación sexista caracterizada por la prevalencia del varón".[28]

Estas conductas, tanto el machismo, como también la misoginia se encuentran arraigadas a un espíritu de TEMOR que

---

[27] Prince Parker, Misogyny(Cordoba, Spain, Xulon Press, 2017), pg.13
[28] dle.rae.es/machismo.

intenta destruir no sólo a la mujer, sino que también al hombre y el propósito de cada uno de ellos, así como el conyugal. Las mujeres, por miles de años han sufrido, muchas se han acostumbrado tanto, que no perciben el abuso o marginación, hasta llegar a abogar a seguir siendo partícipe y señalada como persona de segunda clase. En repetidas ocasiones he visto a la mujer sufrir lo degradante de vivir oprimida.

En mi trabajo como consultor de liderazgo personal y organizacional he tenido la oportunidad de trabajar con un sinnúmero de personas, entre ellas mujeres. He visto como una y otra vez, mujeres con gran aptitud se opacan así mismas por llevar un concepto erróneo, inclusive de su rol como mujer. La crianza cultural en las que han crecido las ha acorralado emocionalmente hasta el punto de aceptación.

Una de las mujeres que lamentablemente me tocó ver vivir y sufrir de la opresión del hombre, fue mi madre. Desde que tengo uso de razón, mi padre abusó de mi madre, verbal y físicamente. Mi madre tratando a mi padre como un amo, y mi padre golpeándola sin misericordia. Esta actitud fue muy familiar para mí, ya que se veía en mis parientes también, así como el entorno en el que crecí. Tanto el hombre, como la mujer, viviendo vidas fuera del propósito divino y natural del ser humano. Las mujeres sólo llegan a ser un objeto que se puede usar para que atiendan la casa, laven, planchen, cocinen, tengan bebés y aprendan a criarlos. Asimismo, como objeto sexual, ya sea en videos, en bares, lugares de zona roja, etc.

No importa donde te encuentres, siempre verás una cultura tan arraigada en la que a las niñas se les entrena para casarse y esclavizarse; por ende, son consideradas como objeto, ya sea en casa o en la calle. De esta maquinación no sólo se encarga la familia, sino que también la televisión, la cartelera cinematográfica, y recientemente las redes sociales, añado que las redes sociales lo han multiplicado exponencialmente. En forma maquiavélica, la mujer ha caído en la trampa de liberarse del rol casero para entrar a esclavizarse en las redes sociales y libertinaje, ya no buscan la aprobación del núcleo familiar, sino el reconocimiento del hombre o mujer que se la pasa en su celular viéndolas semidesnudas y posando de forma indecorosa. La mujer o se esclaviza como esposa abnegada (—y calladita me veo más bonita), o como objeto sexual. Inclusive, cuando llegan a establecer un negocio o trabajar en una empresa o puesto público, su entorno le demanda recordar donde es que la sociedad le exige estar.

He tenido la oportunidad de trabajar por más de veinte años en empresas panificadoras. En una de estas plantas de producción, de sus ochocientos empleados, 85% eran mujeres. La panificación en su producción en masa, con bandas que transportan diferentes tipos de pan dulce corren a alta velocidad, la mujer en especial tiene la habilidad de trabajar con sus manos de forma increíble, algo que el hombre, en general, no puede desarrollar. Los hombres que generalmente trabajan en este tipo de empresa se encontraban en los trabajos pesados, y de gestión, aunque, siempre había alguna que otra excepción cuando la mujer llegaba a uno de esos cargos, sin embargo, teniendo que soportar las insinuaciones, comentarios sexistas y hostigamientos dificultaban su trabajo.

Desde mi llegada a los Estados Unidos, tuve la oportunidad de trabajar en casi toda posición, desde labor general, hasta director regional de recursos humanos. En todos mis años en estas empresas, siempre vi las desventajas y abusos que la mujer vivía. Yo fui de los primeros gerentes que les ofrecía a mujeres posiciones que no habían estado disponibles para ellas. Tanto en el área de producción, bodega, carga y descarga, etc. Sin embargo, todo lo que compartí contigo sobre lo cultural, lamentablemente, se manifestaba en todas las áreas, no importando el lugar o posición en la que la mujer trabajaba. Yo podía ofrecerle una mejor oportunidad, pero ni su entorno, ni su crianza habían cambiado.

Como gerente de recursos humanos, tuve que resolver una cantidad considerable de quejas de abusos, discriminación, hostigamiento sexual, conflictos entre mujeres que se encontraban en relaciones amorosas con uno de los empleados casados o con alguno de los gerentes, y muchas cosas más. No importaba el día, o la hora, ahí estaba yo tratando de resolver lo que tenía que ver más con un sistema cultural que con el incidente en mano.

En el área ministerial, y desde el año 2002 que me he involucrado en este tipo de liderazgo, también he visto su porción de incidentes. Ministros del evangelio aprovechándose de su posición para entretejer una relación extramatrimonial, abusos de autoridad masculina, hostigamiento sexual, y demás. En fin, el hombre busca ser el león y la mujer la presa.

Lamentablemente, el yugo que en ocasiones se le impone a la mujer que se involucra en los trabajos del Reino de Dios es degradante. Sólo trabajadora doméstica en casa, y en la iglesia—sierva. Penosamente, una y otra vez, a la mujer se le niega la oportunidad de seguir el propósito por el cual fue creada en lo que se refiere a la obra de Dios. Mujeres que reciben a Jesucristo como Señor y Salvador, son liberadas, para después ser esclavizadas por la cultura misógina, rechazada simplemente por el hecho de ser mujer.

Capítulo 3

"No lo digo yo, lo dijo Pablo"

"¡Dichosa tú que has creído, porque lo que el Señor te ha dicho se cumplirá!"

Lucas 1:45

En la iglesia cristiana, hay denominaciones religiosas que no dejan a la mujer enseñar a los hombres, solamente mujeres. El hombre si puede enseñar a las mujeres y hombres, ¡la mujer solamente a las mujeres! Y claro que encontraron versículos en la Sagrada Escritura para respaldar su comportamiento misógino. En una ocasión, una mujer subió un mensaje a las redes sociales argumentado esto. Ella compartía que la mujer no debe de enseñar nada al hombre porque eso fue lo que el Apóstol Pablo demandó. Que el poner mujeres a enseñar es en contra del designo de Dios. "No lo digo yo, lo dijo Pablo", escribió esta persona. Si la mujer no debe de enseñar a los hombres, ¿por qué intentas enseñarnos a nosotros los hombres por este medio? Le pregunté a esta mujer. Me contestó, "yo no, Pablo". Para los que están leyendo esto y creen lo mismo que esta mujer escribió, por favor tengan paciencia que más adelante compartiré al respecto. En este momento sólo estoy compartiendo acontecimientos, vivencias personales.

Un día, platicando con un matrimonio cristiano me comentaban como la esposa había sido mandada a iniciar una misión de parte de una denominación religiosa en México que no dejan a las mujeres liderar como pastores. Ella viajaba varias veces por semana a una ciudad distante de su hogar para levantar la obra. Evangelizando y predicando la palabra de Dios, la obra creció en considerables números. Ese fue el momento en el que la removieron de la misión y mandaron a un pastor varón de Dios a relevarla. Esto la dañó emocionalmente y por larga temporada anhelaba seguir trabajando con las personas que con mucho trabajo había ganado y orientado para Cristo. Claro, era lógico no la dejarían como pastor, ya que la posición de pastor esta solamente reservada para "Varones de Dios". Sólo que ella no entendió lo difícil que sería dejar el trabajo realizado para que otra persona lo tomara. Tengo entendido que la misión menguó y no creció más. No creo que siempre sea el caso, en esta ocasión, así sucedió.

Resulta que la que tiende a ser más regulada en la iglesia es la mujer, no el hombre. Que no se maquille, que no use aretes, que se ponga vestidos largos, NO pantalón, que no hable en público, que use velo al entrar a la iglesia, otros más liberales, se apiadan a dejar a la mujer usar el velo durante la adoración y oración solamente. Cuando acaba la adoración se quitan el velo, sólo para ponérselo otra vez ya que empiece la oración. Es interesante ver como otras religiones tienden a seguir algunos de estos mismos reglamentos, no sólo en la iglesia cristiana, como lo dije al principio de este libro la misoginia es universal.

Creo que la cultura opresora tiene que ver con situaciones más arraigadas que sólo una o dos escrituras bíblicas que citan constantemente para excusar la opresión, sobre estas escrituras hablaré más adelante.

Ya que, por cada evento o incidente que es visible, existe un patrón de conducta, problemas o estrategias. Entendiendo ese patrón o patrones, se tiene que analizar más, hasta llegar a la estructura, por lo general, profunda y oculta. Esta detona las causas básicas de comportamiento de la superficie o evento. Tiene que ver con la cultura básicamente que en realidad son las creencias, valores básicos y suposiciones inconscientes. En otras palabras "la forma en que hacemos las cosas, sólo porque así se hacen", ya sea en casa, empresa o ministerio, en sí, en toda organización, ya que esta se constituye de dos o más personas.

Si la razón que se usa como bandera es que Dios no permite a la mujer sobresalir, liderar, hablar, o usar aretes, se debe de estudiar con más detalle la Biblia. Si sólo es porque así deben de ser las cosas porque así me lo enseñó mi pastor, sacerdote, mis padres, mi abuelita santa, pues imagínate, es hora de salir del capullo. Como lo dije, hay una estructura que ha creado patrones que detonan eventos. Estos eventos, si son contraproducentes y van en contra del diseño divino, se tienen que cambiar, primeramente, la estructura para que así se sigan los patrones adecuados y eficaces para seguir el propósito divino y levantar la obra de Dios. Para poder empezar el proceso, veamos el otro lado de la moneda, quizás te des cuenta de que en realidad tu aprendizaje será de gran bendición y oportunidad para un verdadero crecimiento en el Reino de Dios, y, por ende, la humanidad.

Capítulo 4

El Otro Lado de la Moneda

"La mujer bondadosa se gana el respeto..."

Proverbios 11:16a

Aunque la mujer se ha, o la han, implicado a pasar penuria, en la historia bíblica y universal hubo mujeres que se destacaron por llevar el propósito de su rol como ayuda suplemental y esencial para ellas primeramente, el hombre y la humanidad. Quiero añadir que Dios le comunicó a Eva lo que pasaría por haber sido engañada. <u>Esta fue una descripción divina de lo que ocurriría, no un mandato que los siervos obedientes de Dios deberían asegurarse de llevar a cabo</u>. La subordinación no se ordena aquí más de lo que se exige que las mujeres sufran el máximo de dolor en el parto, o los hombres el máximo de incomodidad y trabajo duro para ganarse la vida. Dios, en su gracia, ha provisto los medios por los cuales incluso la maldición del mal puede ser aliviada, y aquellos que desean llevar a cabo su voluntad pueden y deben contrarrestar, en la medida de lo posible, los efectos dolorosos del mal.[29]

---

[29]Elwell, Walter A. "T.", 1282.

Debe notarse también que la promesa de un redentor a través de un descendiente de Eva precede a la declaración de la maldición incurrida por las mujeres en la caída.[30]

En otras palabras, el plan de Dios nunca ha sido que el hombre abuse de la mujer, por ende, te estaré compartiendo historias en el Viejo Testamento, en las cuales Dios dispuso a las mujeres tomando su rol original de ayuda adecuada, de proteger o auxiliar y socorrer. Estas mujeres, aun viviendo las consecuencias de la caída, no dejaron de entender y realizar su rol original de mujer, y Dios NO SÓLO LAS DEJÓ, LAS DISPUSO para su gloria.

Por ejemplo, vemos cómo la esposa, de Moisés en su rol de protectora, socorrista, de ayuda, le salvó la vida a Moisés.

> Ya en el camino, el SEÑOR salió al encuentro de Moisés en una posada y estuvo a punto de matarlo. Pero Séfora, tomando un cuchillo de pedernal, le cortó el prepucio a su hijo; luego tocó los pies de Moisés con el prepucio y le dijo: «No hay duda. Tú eres para mí un esposo de sangre». Después de eso, el SEÑOR se apartó de Moisés. Pero Séfora había llamado a Moisés «esposo de sangre» por causa de la circuncisión. Éxodo 4:24-26

---

[30] Gn 3:15

Mujer, ¿dónde estás?

Séfora entendía lo que había que hacer, y no titubeó. Aun cuando su marido no puso atención, desentendiendo su deber, su esposa, no tomó el rol de hombre, sólo le ayudó y lo protegió. La yuxtaposición entre Eva y Séfora. Eva fue engañada y se desentendió de la instrucción divina, Séfora por otra parte, puso manos a la obra (literalmente) y se aseguró que la familia siguiera en propósito.

En otra ocasión, una mujer fungió como profetisa, por medio de ella Dios le comunicaba al pueblo, hombres y mujeres, sus instrucciones, similar a la función de Moisés años atrás. Esta mujer también llegó a ser líder y juez del pueblo de Israel, libró a su pueblo de una gran calamidad.

> El caudillo que gobernaba a Israel en aquel tiempo fue Débora, una profetisa, esposa de Lapidot. Ella celebraba audiencias en un lugar que ahora se conoce con el nombre de Palmera de Débora, entre Ramá y Betel, en la región montañosa de Efraín. Los israelitas acudían a ella para que decidiera sus querellas. Jueces 4:4-5

Resulta que se le avecinaba una batalla al pueblo de Israel contra otro pueblo. Débora le pidió a Barac que se alistara con diez mil hombres para la batalla, de acuerdo con la instrucción que Dios le había dado a Débora. Barac le contestó, "—Solo iré si tú me acompañas; de lo contrario, no iré". —¡Está bien, iré contigo! —dijo Débora—. Pero, por la manera en que vas a encarar este asunto, la gloria no será tuya, ya que el SEÑOR entregará a Sísara en manos de una mujer."[31] Y así fue, en este caso, Débora en su papel de mujer ayudó, asistió y protegió no sólo a su esposo Lapidot, sino que también a Barac y a todos los Israelitas. Dios entregó los enemigos de Israel en las manos de una mujer.

Una mujer casada se encargó de escuchar a Dios, de predicar al pueblo, incluyendo hombres, lo que Dios dijo, respecto a asignar personas para la guerra, e incluso, participar personalmente y recibir el premio de gloria, sería el honor militar más grande que pudiera existir, y Débora lo recibió.

Me es importante enfatizar que el plan original, nunca fue el que un género remplace al otro. Débora, Séfora, y otras mujeres que comentaré más adelante, no remplazan al hombre, sino que toman posiciones que muchas veces se creían intocables, al menos que fuera un varón el que las desempeñara, sólo que podemos ver que una mujer bien lo pudo realizar. No obstante, la mujer, no tiene que fingir ser hombre, o actuar como hombre, sino llevar su esencia de mujer a cualquier rol que desempeñe. Ya que, si un hombre fuera la persona indicada, entonces lo hubiera realizado, pero como en ocasiones le toca a la mujer, ella debe hacerlo desplegando sus dones, experiencias y esencia de mujer.

---

[31] Jue 4:8-9

Capítulo 5
Mujer Inspirada

Es más valiosa que las piedras preciosas: ¡ni lo más deseable se le puede comparar!

Proverbios 3:15

Quiero, primeramente, darte el contexto de lo que un profeta era, que rol tenía en el Viejo Testamento. El primer profeta, algunos dicen que fue Moisés, otros argumentan que fue Abraham o Adán. Lo que podemos apreciar es que todo profeta genuino era inspirado por Dios.[32] Dios le hablaba por medio de visiones, sueños, o como a Moisés cara cara. Dios les dijo a los Israelitas lo siguiente:

> "Escuchen lo que voy a decirles: Cuando un profeta del SEÑOR se levanta entre ustedes, yo le hablo en visiones y me revelo a él en sueños. Pero esto no ocurre así con mi siervo Moisés, porque en toda mi casa él es mi hombre de confianza. Con él hablo cara a cara, claramente y sin enigmas. Él contempla la imagen del SEÑOR. ¿Cómo se atreven a murmurar contra mi siervo Moisés?"
> Números 12:6-8

Conjuntamente, la profetisa tenía la misma inspiración que el profeta, sólo que esta pertenecía al género femenino. La profetisa,

---
[32] Rick Meyers, H5030.

como hemos visto, no sólo compartía el mensaje de Dios con las mujeres. Ellas no tenían un ministerio de mujeres a las cuales les comunicaban el mensaje de Dios. La profetisa se encargaba de llevar el mensaje de Dios al pueblo, tanto hombres y mujeres, de todas las edades. No sé qué pienses respecto a quien es el primer profeta, lo que si te puedo decir es que la primera profetisa que se menciona en la biblia fue la hermana de Aarón. El profeta Miqueas (Micaías) nos dice que Miriam fue enviada por Dios para hablarle al pueblo de Dios, junto con Moisés y Aarón.[33] Ella fue una profetisa, la primera que se menciona en la biblia.[34]

Por otra parte, Débora no sólo fue juez, sino que también profetisa de Dios para el pueblo de Israel. Vemos también que el Viejo Testamento cuenta una historia de otra profetisa, una mujer llamada Huldá, la cual era esposa de Salún. En un momento de falta de entendimiento de varios hombres, gobernantes y líderes religiosos después de haber descubierto un rollo en el Templo donde se detallaban las Leyes de Dios para su pueblo, se dieron cuenta que sus antepasados y, por ende, ellos, se encontraban fuera de la bendición de Dios y maldecidos por su desobediencia. Sacerdotes, eruditos, el rey y consejeros no sabían que hacer. Todos ellos, hombres, se dirigieron a Huldá para recibir instrucción. Ella no sólo inspirada por Dios les dijo de que se trataba el rollo que habían encontrado, sino que también les

---

[33] Mic 6:4
[34] Ex 15:20

dio instrucción de parte de Dios, les profetizó, les predicó, los orientó. Así que Huldá les comunicó la palabra de Dios para ese momento.[35] El involucramiento de esta mujer de Dios trajo un avivamiento como pocos en la historia gracias a la mujer de Dios y a los hombres sabios que buscaron la orientación de ella, sin reservas ni sexismos.

Otra mujer que tomó su rol de mujer muy en serio, al punto de estar dispuesta de perder la vida, fue Ester. Ella dijo: "…me presentaré ante el rey, por más que vaya en contra de la ley. ¡Y, si perezco, que perezca"![36] Ester supo intervenir en el momento preciso para salvar de genocidio a toda una generación. Fue tan importante su hazaña que Dios le dedicó un libro completo en la biblia.

A la mujer, un punto de cuidado sobre su rol de ayuda oportuna. Toda mujer debe cuidar a no caer fuera de su propósito original. Débora, Huldá, Séfora, Ester, entre otras mujeres, supieron cómo desempeñar su rol. Hubo un caso en el que una mujer en vez de traer auxilio y ayuda a su esposo, trajo maldad a todo su entorno. Su nombre fue Jezabel. Su esposo añoraba unos terrenos que el dueño no quiso venderle. El rey Acab se encontraba triste por su avaricia de adquirir la propiedad, su esposa, Jezabel maquinó un plan para deshacerse del dueño. Cuando lo logró fue donde el rey y le comunicó, "¡vamos! Toma

---

[35] 2 Re 22:8-20; 2 Cron 34:14-28
[36] Est 4:16b

posesión del viñedo que Nabot el jezrelita se negó a venderte. Ya no vive; está muerto".[37]

También hizo uso de su posición para deshacerse de los profetas de Dios, y remplazarlos por sacerdotes paganos. Andaba detrás del profeta Elías queriéndolo eliminar. Todo acaba en desgracia para ella y su esposo. Vemos totalmente el contraste.

---
[37] 1 Re 21:15

Capítulo 6
Concepto Bíblico sobre la Mujer

"Cuando habla, lo hace con sabiduría; cuando instruye, lo hace con amor"

Proverbios 31:26

En lo que se refiere a el concepto bíblico sobre la mujer, mi estudio sobre el tema me llevó a ver que el rol de la mujer en todo su entorno ya sea ministerio, familia, y sociedad, empezó a verse con más atención al terminar el siglo veinte. La opresión mencionada anteriormente es palpable por doquier y por todas las generaciones hasta el día de hoy. Empero, así como empezamos con el libro de Génesis, podremos ver que en el principio Dios creó, no sólo al hombre, sino que también a la mujer a Su imagen, a la imagen de Dios fue creada.[38] Santiago nos lo recordó también al decir, *"Con la lengua bendecimos a nuestro Señor y Padre, y con ella maldecimos a las personas, creadas a imagen de Dios"*.[39] Entonces, la mujer no sólo fue creada por Dios, ha sido creada a la imagen de Él mismo. Otro aspecto importante sobre la mujer es que ella y él (hombre) son una misma

---
[38] Gn 1:27
[39] Sant 3:9

parte, un todo. Cuando Adán vio a Eva por primera vez dijo, "esta sí es hueso de mis huesos y carne de mi carne".[40]

Penosamente, fuera del contexto bíblico, del que te he compartido hasta ahora, la actitud judía hacia la mujer parecía discriminatoria, una vez más, por esa misma misoginia en la cual las culturas se veían sumergidas. A menudo se citan citas de escritos judíos que manifiestan una actitud despectiva. Si bien esto a veces puede ser exagerado, no obstante, hay una actitud que frecuentemente degrada a las mujeres. Por ejemplo, se animaba a los rabinos a no enseñarles y ni siquiera a hablarles.[41]

No obstante, un judío que cambió el proceder hacia la mujer, siguiendo la intención divida y plan original fue Jesús de Nazaret. El evangelio según Mateo, que eruditos argumentan fue escrito específicamente para una audiencia cristiana judía que vivía en la proximidad inmediata de su patria misma. Este libro es el más judío de todos los evangelios, menciona a un gran número de mujeres involucradas en el ministerio de Jesús citándolas en lugares que para la cultura judía no se veían o se les permitía estar.

También, el apóstol Juan escribió que Jesús, un rabí, se acercó a una mujer que sacaba agua de un pozo. Él empezó un diálogo

---

[40] Gn 2:23
[41] Elwell, Walter A. "T.", 1282.

fructuoso con ella. Le predicó de tal manera que ella corrió al pueblo en el que vivía y empezó a evangelizar sobre el mesías. El mensaje que llevó a su entorno acercó a un gran número de personas a los pies del Salvador. Enfatizo, la mujer samaritana predicó el mensaje —tanto a mujeres como también a hombres, y muchos creyeron—.

> Muchos de los samaritanos que vivían en aquel pueblo creyeron en él por el testimonio que daba la mujer: «Me dijo todo lo que he hecho». Así que cuando los samaritanos fueron a su encuentro le insistieron en que se quedara con ellos. Jesús permaneció allí dos días, y muchos más llegaron a creer por lo que él mismo decía. —Ya no creemos solo por lo que tú dijiste —le decían a la mujer—; ahora lo hemos oído nosotros mismos, y sabemos que verdaderamente este es el Salvador del mundo. Juan 4:39-42

Que bendición, Jesús se acercó a la persona que, por su capacidad, podía ganarse casi a todo el pueblo para el evangelio. Una mujer, con el poder de convencimiento inició el proceso, ¡Jesús concretó el trato! Y un pueblo marginado por los judíos, recibió la Verdad, y la vida en abundancia que sólo el Cristo les proporcionaría.

Sin embargo, es interesante ver como en la historia universal, por muchos años, las mujeres no se les permitía estudiar, aprender era sólo reservado para el hombre. Que va, aun en el siglo XX, ni siquiera se le dejaba participar en la vida política, no podían votar, o asumir cargos de liderazgo. Desgraciadamente, en algunos lugares se sigue practicando alguna de estas costumbres. No obstante, la igualdad de género se convirtió en parte del derecho internacional de los derechos humanos mediante la Declaración Universal de los Derechos Humanos, que fue adoptada por la Asamblea General de la ONU el 10 de diciembre de 1948. Ese documento trascendental en la historia de los derechos humanos reconoció que "Todos los seres humanos nacen libres e iguales en dignidad y derechos" y que "toda persona tiene todos los derechos y libertades enunciados en esta Declaración, sin distinción alguna de raza, color, sexo, idioma, religión… nacimiento u otra condición".[42] Algo que Dios nos ha mostrado en su Palabra una y otra vez.

"Ya no hay judío ni griego, esclavo ni libre, hombre ni mujer, sino que todos ustedes son uno solo en Cristo Jesús". Gálatas 3:28

---

[42] Gender Equality." *United Nations*. United Nations.

Capítulo 7

Jesús y su Acercamiento a las Mujeres

"La mujer sabia edifica su casa; la necia, con sus manos la destruye"

Proverbios 14:1

Jesús, el Maestro, educaba a mujeres, algo que los otros rabís prohibían. En una ocasión, Jesús se alojó en la casa de dos hermanas, una de ellas se la pasaba abrumada con los quehaceres hogareños, la otra se la pasaba a los pies de Jesús escuchándolo y aprendiendo. Marta se quejó con Jesús al ver a su hermana aprendiendo mientras ella se la pasaba abrumada, quizás pensaba, "es costumbre que nosotras las mujeres debiéramos ocuparnos de limpiar, lavar, sacudir, etc. y mi hermana no lo está haciendo como yo".

> Marta, Marta —le contestó Jesús—, estás inquieta y preocupada por muchas cosas, pero solo una es necesaria. María ha escogido la mejor, y nadie se la quitará. Lucas 10:41-42

Lo que María había escogido fue aprender, y lo aprendido nadie se lo podría quitar.

Jesús hizo uso de parábolas que en muchas ocasiones incluía a mujeres. La parábola de la levadura,[43] las diez vírgenes,[44] la moneda perdida,[45] la viuda persistente,[46] la viuda en el templo que ofrendó todo lo que tenía,[47] incluso las menciona en profecías del fin de esta era.[48] Jesús se aseguró que su ministerio de sanidad incluyera mujeres afligidas.[49] A pesar de la furia de los maestros de la ley judía, estuvo dispuesto a sanar en un día de descanso a una mujer que llevaba dieciocho años en aflicción. La sanó, y al recibir el reclamo de todo religioso, Jesús aseveró:

> "—¡Hipócritas! —le contestó el Señor—. ¿Acaso no desata cada uno de ustedes su buey o su burro en sábado, y lo saca del establo para llevarlo a tomar agua? Sin embargo, a esta mujer, que es hija de Abraham, y a quien Satanás tenía atada durante dieciocho largos años, ¿no se le debía quitar esta cadena en sábado?" Lucas 13:15-16

Jesús les enfatiza que lo que los religiosos hacen por sus propios animales, no estaban dispuestos hacerlo por una mujer, hija de Abraham, en otras palabras, una persona igual que ellos, hijos de Abraham, sólo que mujer y para ellos con menos valor. Los animales eran más importantes para estos misóginos que una mujer que llevaba

---

[43] Mt 13:33
[44] Ibid., 25:1-13
[45] Lc 15:8-10
[46] Ibid., 18:1-5
[47] Ibid., 21:1-4
[48] Mt 24:19;41
[49] Elwell, Walter A. "T.", 1283.

muchos años en sufrimiento. Su proceder, para nuestros contemporáneos podría sonar ilógico, sólo que actúan de la misma forma al querer mantener a la mujer, en general, oprimida.

¿Qué tal la mujer que se acercó a Jesús con una hemorragia que la había afligido y marginado por doce años? Por su condición, Jesús arriesga quedar ceremonialmente impuro ya que la mujer se le acercó para tocar su manto. "Jesús se dio vuelta, la vio y le dijo: —¡Ánimo, hija! Tu fe te ha sanado. Y la mujer quedó sana en aquel momento".[50]

Aun cuando Jesús había sido mandado primeramente al judío, una mujer cananea se le aproximó para pedirle que sanara a su hija. Él, al principio no le hizo caso, pero ella siguió clamando. Jesús reconoció la gran fe de esta mujer y le concedió su petición.

Precisamente, Jesús le interesó el bienestar de toda mujer porque eran importantes para él, para el Reino de Dios. También, sanó a la hija de un dirigente:

> Cuando Jesús entró en la casa del dirigente y vio a los flautistas y el alboroto de la gente, les dijo:—Váyanse. La niña no está muerta, sino dormida. Entonces empezaron a burlarse de él. Pero cuando se les hizo salir, entró él, tomó de la mano a la niña, y esta se levantó. La noticia se divulgó por toda aquella región. Mateo 9:23-26

---

[50] Mt 9:22

En otra ocasión, una mujer a punto de perder la vida por la sentencia señalada ya que fue encontrada en el acto de adulterio, Jesús la rescató al comparar su pecado con el de todos los hombres a punto de apedrearla, desde el más grande al más chico, soltaron todas sus piedras acusadoras.[51]

Jesús clarificó el diseño de Dios para el matrimonio,[52] asegurando la importancia de la mujer en la relación conyugal, algo que en esa época ni se pensaba.

Sobre el acontecimiento más importante de la cristiandad, la resurrección, el apóstol Pablo escribió, "Si no hay resurrección, entonces ni siquiera Cristo ha resucitado. Y, si Cristo no ha resucitado, nuestra predicación no sirve para nada, como tampoco la fe de ustedes".[53] Sin la resurrección, toda la fe se desmorona. Así de importante era, y sigue siendo el acontecimiento de la resurrección del Salvador del mundo. El apóstol Pedro menciona:

> "¡Alabado sea Dios, Padre de nuestro Señor Jesucristo! Por su gran misericordia, nos ha hecho nacer de nuevo mediante la resurrección de Jesucristo, para que tengamos una esperanza viva y recibamos una herencia indestructible,

---
[51] Jn 8:1-11
[52] Mt 2:27-32; 19:3-9
[53] 1 Cor 15:13-14

Mujer, ¿dónde estás?

incontaminada e inmarchitable. Tal herencia está reservada en el cielo para ustedes. 1 Pedro 1:3-4

La esperanza del que cree en la vida eterna en Cristo se cimenta totalmente en la resurrección. Nuestra herencia nos espera, y la resurrección nos da no sólo la esperanza, sino que también la certeza de que un día nos veremos como en realidad somos.[54] Así de importante es la resurrección de Jesucristo. Entonces, después de su muerte, después de tres días, Él resucitó, y ¿a quién se le aparece por primera vez? a MUJERES, y ¿a quién les comparte el mensaje de la resurrección por primera vez? a MUJERES, y ¿a quién le confió a que predicaran el mensaje de la resurrección, tanto a mujeres y hombres por igual? a MUJERES.[55] Jesús vio tan importante confiarle el mensaje de la resurrección a una mujer, que cuando se acercó María al sepulcro, Jesús se aseguró de verse con ella, aún antes de verse con el Padre Celestial. Tremendo—, el Cristo resucitado se dirigía al Padre después de su resurrección, y decidió dejarle el mensaje de la resurrección a una mujer antes de seguir con su cita con el Padre. Jesús le dijo a María:

> —Suéltame, porque todavía no he vuelto al Padre. Ve más bien a mis hermanos y diles: "Vuelvo a mi Padre, que es Padre de ustedes; a mi Dios, que es Dios de ustedes". María Magdalena fue a darles la noticia a los discípulos. «¡He visto al Señor!», exclamaba, y les contaba lo que él le había dicho. Juan 20:17-18

---
[54] 1 Cor 13:12
[55] Mt 28:6-10; Jn 20:14-18

Jesús, durante todo su ministerio, aun en su resurrección, quiso dejar claro la importancia de la mujer en la nueva era. Así fue por años, la iglesia primitiva había echado fuera el espíritu demoniaco de la misoginia. Los primeros años del desarrollo de la iglesia cristiana, la mujer tomó roles importantes para su crecimiento. Inclusive, María por nombre, la madre de Jesús, se menciona como una de las mujeres que se encontraban en el aposento alto,[56] cuando todos ahí recibieron el bautismo del Espíritu Santo, no sólo los apóstoles, sino que también las discípulas de Jesús fueron llenas del poder de lo alto, tal como Jesús les dijo que sucedería.[57] Las mujeres se involucraban en el ministerio quíntuple de profeta.[58] Las viudas que hasta entonces eran despreciadas y apenas contadas como una existencia miserable empezaron a ser fundamento esencial para el crecimiento del Camino, a tal grado de crear un ministerio especial para ellas.[59] Las mujeres fueron parte fundamental para el ministerio de Pablo. En la carta a los Romanos, de las veintinueve personas que menciona por nombre, diez fueron mujeres, algunas con roles de liderazgo de influencia, de forma que alguna de ellas las presenta en mismos términos que sus colaboradores masculinos como Timoteo, Apolos, Tito, Epafras.

---

[56] Hch 1:14
[57] Ibid., 1:2-10
[58] Hch 2:18; 21:9;1; Cor 11:5
[59] Elwell, Walter A. "T.", 1283.

Mujer, ¿dónde estás?

En la Escritura, el verbo "trabajado muy duro"[60] se usa para el servicio ministerial y vemos como el apóstol Pablo menciona varias mujeres desempeñando ese servicio ministerial. Febe, una mujer recomendada por el apóstol Pablo, es llamada diácono y una persona que preside. Para aquellos que piensan que Febe fue llamada diaconisa, esa palabra no se encuentra en su original. La palabra en griego es "διάκονος o **diakonos** y quiere decir camarero, un asistente, es decir; específicamente un maestro y pastor cristiano - diácono, ministro, siervo".[61] Es la misma palabra que usa Pablo al escribirle a Timoteo al darle instrucciones sobre los deberes de los diáconos.[62] Priscila está asociada con su esposo, Aquila, tanto en esta carta a los Romanos, como en el libro de los Hechos. Todo este enfoque culmina con la gran declaración de Pablo de que en Cristo "no hay varón ni mujer".[63] En 1 Pedro 2, los cristianos de ambos sexos son representados como "piedras vivas. . . edificados como casa espiritual para ser un sacerdocio santo", y en el libro de Apocalipsis, los cristianos en general son presentados como "un reino y sacerdotes".[64]

Esta inclusión temprana de mujeres en el liderazgo ha sido exhaustivamente estudiada por muchos académicos contemporáneos— Schüssler Fiorenza, Torjesen y Kroeger, entre otros—buscando revisar nuestra comprensión de la participación de las mujeres en los primeros

---

[60] Ro 16:6, 12
[61] Rick Meyers, G1249.
[62] 1 Tim 3:8
[63] Ga 3:28
[64] Ap. 1:6; 5:10

pocos siglos de vida de la iglesia argumentan que las estructuras sociales grecorromanas dentro de las cuales se nutrió el cristianismo explican, tanto la forma final de las instituciones de la iglesia, como la eventual exclusión de las mujeres. La cultura griega hizo una clara delimitación entre el espacio público masculino y el dominio doméstico femenino. Las mujeres ideales, a diferencia de los hombres, debían ser pasivas y exhibir virtudes de obediencia, silencio y humildad. Para una mujer hacer alarde de su sexualidad (género) era una vergüenza, y cualquier papel público se interpretaba fácilmente como tal. Algunos de estos sentimientos se encuentran en Pablo, pero cuando la iglesia se organizaba principalmente en torno a iglesias en casas, las mujeres podían y asumían fácilmente un papel de liderazgo sin parecer poco virtuosas. Torjesen sostiene que la evidencia manuscrita tanto dentro como fuera de la Biblia demuestra que las mujeres ocuparon puestos como ministras, misioneras (*apóstoles) e incluso obispos en la iglesia primitiva.[65]

Cuando el culto se trasladó a las basílicas en el siglo III, el dominio de la iglesia se hizo público. Con la amenaza siempre presente de escándalo y persecución, los líderes cristianos se mostraron ansiosos por enfatizar las afinidades de la iglesia con la vida social y filosófica griega, y sus similitudes con los diversos cultos de fertilidad y los grupos gnósticos fueron minimizados, excluyendo así el liderazgo de

---

[65] Elwell, Walter A. "T.", 1286. (*Misioneros y Apóstoles es la misma palabra= Apostolos, y ha sido añadido por el autor)

las mujeres. En la práctica, sin embargo, muchas mujeres nobles ricas usaron su influencia para dotar a sus evangelistas e iglesias favoritas.[66]

Con la conversión del emperador romano Constantino, las esferas civil y sagrada se fusionaron, y las órdenes de ordenanza ya no eran competencia de las mujeres. Varios decretos de la iglesia de este tiempo prohibían específicamente a las mujeres administrar la Cena del Señor y bautizar, lo que sugiere que las mujeres habían asumido estos roles. La marginación de las mujeres se hizo más predecible cuando la iglesia adoptó una interpretación de Génesis 3 que culpaba a las mujeres por la caída, una visión que también tomaba mucho de las opiniones griegas y maniqueas del género femenino como físico, como un animal, incontrolable e inferior. Por lo tanto, desde principios de la Edad Media, las mujeres solo pudieron forjar un papel de liderazgo renunciando al mundo y sus poderes de procreación, y entrando en órdenes monásticas donde, sin embargo, todavía estaban excluidas de las órdenes sagradas. [67]

La hegemonía de esta jerarquía fue cuestionada primero por nuevas filosofías que cuestionaron el monopolio de la iglesia en materia de gracia y sacramento, y por las muy perseguidas comunidades de renovación, incluidas las mujeres beguinas (mujeres que crearon comunidades sin hombres en la Edad Media), abundantes en el período

---

[66] Ibid.
[67] Ibid., 1286-1287

anterior a la Reforma. Con la Reforma se rompió la alianza político-religiosa de la Iglesia Católica Romana en Occidente, probablemente sembrando semillas que más tarde llevarían a la emancipación de siervos, esclavos y mujeres, cuyas sujeciones estaban todas religiosamente legitimadas.[68]

---

[68] Ibid.

Capítulo 8

La Distinción

*"¡Te alabo porque soy una creación admirable!
¡Tus obras son maravillosas, y esto lo sé muy
bien!"*

Salmos 139:14

Claro que vemos pasajes bíblicos que se pudieran ver como contradictorios a lo que vengo aquí explicando. En consecuencia, muchas personas predican desde el púlpito, y con gran enjundia (vigor), que la mujer no debe de enseñar, ni liderar al hombre. A la luz de estas prácticas y textos específicos, se deben considerar ciertos pasajes que parecen imponer algunas distinciones.

En el Nuevo Testamento, 1 Corintios 7, el apóstol trata de la actitud cristiana hacia el matrimonio, y parece referirse a este tema como si las decisiones fueran siempre prerrogativa de los varones, sean maridos o padres de las mujeres que se van a casar. Esto ciertamente puede estar en conformidad con los usos y costumbres de la época, pero no constituye un mandato. Lo que debe observarse cuidadosamente es la completa reciprocidad en la relación marital enfatizada aquí, lo cual es sorprendente cuando se considera contra el trasfondo griego de los corintios.[69]

---

[69]Elwell, Walter A. "T.",1284.

> Pero, en vista de tanta inmoralidad, cada hombre debe tener su propia esposa, y cada mujer su propio esposo. El hombre debe cumplir su deber conyugal con su esposa, e igualmente la mujer con su esposo. La mujer ya no tiene derecho sobre su propio cuerpo, sino su esposo. Tampoco el hombre tiene derecho sobre su propio cuerpo, sino su esposa. No se nieguen el uno al otro, a no ser de común acuerdo, y solo por un tiempo, para dedicarse a la oración. No tarden en volver a unirse nuevamente; de lo contrario, pueden caer en tentación de Satanás, por falta de dominio propio. 1 Corintios 7:2-5

> A los casados les doy la siguiente orden (no yo, sino el Señor): que la mujer no se separe de su esposo. Sin embargo, si se separa, que no se vuelva a casar; de lo contrario, que se reconcilie con su esposo. Así mismo, que el hombre no se divorcie de su esposa. 1 Corintios 7:10-11

> Sin embargo, si el cónyuge no creyente decide separarse, no se lo impidan. En tales circunstancias, el cónyuge creyente queda sin obligación; Dios nos ha llamado a vivir en paz. ¿Cómo sabes tú, mujer, si acaso salvarás a tu esposo? ¿O cómo sabes tú, hombre, si acaso salvarás a tu esposa? 1 Corintios 7:15-16

Pablo menciona en 1 Corintios 11:3-16 la importancia para las mujeres de vestir con decoro y la de conservar un sentido de sumisión relacionado con su <u>rol en el hogar</u>. No obstante, Pablo no sólo manifiesta esto, sino que hace énfasis especial para que sus declaraciones no confundan al lector y para que los derechos de las mujeres no se consideren reducidos por lo que él ha dicho.

> "Sin embargo, en el Señor, ni la mujer existe aparte del hombre ni el hombre aparte de la mujer. Porque, así como la mujer procede del hombre, también el hombre nace de la mujer; pero todo proviene de Dios".[70]

También es digno de mención que el pasaje anterior enfatiza que las mujeres pueden orar y profetizar en público.[71]

A menudo el siguiente pasaje que el apóstol Pablo escribió a la iglesia de Corinto se ha interpretado como prohibición a la mujer de hablar en las reuniones públicas de la iglesia.

> Porque Dios no es un Dios de desorden, sino de paz. Como es costumbre en las congregaciones de los creyentes, guarden las mujeres silencio en la iglesia, pues no les está permitido hablar. Que estén sumisas, como lo establece la ley. Si quieren saber algo, que se lo pregunten en casa a sus esposos; porque no está bien visto que una mujer hable en la iglesia. 1 Corintios 14:33-35

---

[70] 1 Cor 11:11-12
[71] Ibid., 11:5, 13

Este entendimiento pondría el pasaje en contradicción directa con lo que menciona el apóstol en 1 Corintios 11:5, 13. Tomado estrictamente, también impediría que las mujeres participaran en el canto de la congregación. Esto hace imperativa una interpretación diferente. Uno podría percibir que lo que Pablo está prohibiendo es una especie de balbuceo y cuestionamiento disruptivo que interferiría con una actitud de adoración en la iglesia. Las preguntas deben hacerse en casa, no durante el servicio. La razón por la que aquí se mencionan mujeres en lugar de hombres puede deberse al hecho de que en Corinto las mujeres eran las principales perturbadoras.[72] Obviamente, el mandato se aplicaría tanto a los hombres como a las mujeres si se ha de mantener una atmósfera de adoración.

Otra observación sobre este pasaje demanda una traducción fidedigna de la palabra utilizada por Pablo, θῆλυς/thēlus[73], quiere decir género femenino[74], Γυνή/gunē[75], quiere decir mujer esposada o una mujer comprometida. La segunda referencia, es la que usó Pablo al decir que la esposa no debe de ejercer autoridad sobre el esposo/hombre

---

[72] Elwell, Walter A. "T.", 1284.
[73] Stegenga, J., and Alfred Tuggy. "Concordancia Analítica Greco-Española Del Nuevo Testamento GRECO-ESPAÑOL." In *Concordancia Analítica Greco-Española Del Nuevo Testamento GRECO-ESPAÑOL*, 346. Jackson, Mississippi: Hellenes-English Foundation, 1975.
[74] Gal 3:28
[75] Stegenga, J., and Alfred Tuggy, 128.

($α′νῆρ$, anēr-).⁷⁶ Otra vez, parece ser que la intención de Pablo no fue la de prohibir a la mujer en general predicar o hablar en la iglesia, solamente fortalecer el lazo en el orden conyugal. Por lo tanto, la Escritura nos demuestra que la mujer es capaz de ejercer cualquier ministerio que Dios le llame a realizar.

Pablo escribe a la iglesia en Éfeso haciendo énfasis específicamente a la sumisión. Esto a menudo se ha considerado como algo denigrante para las mujeres, ya que el apóstol dictamina la sumisión de las esposas (Γυνή/gunē). Sin embargo, la instrucción dada por el apóstol es precedida por un mandamiento de sumisión general, *"Sométanse unos a otros, por reverencia a Cristo"*.⁷⁷ Lo que se aplica a las esposas es sólo un caso particular del principio básico. El contexto es el hogar, por consiguiente, no implica roles en la sociedad, en la iglesia o en otras relaciones fuera del contexto aludido. Esto es obvio en conexión con otros tipos de relaciones que Pablo considera, como el caso de hijos y padres. La sumisión impuesta a nivel del hogar en estas relaciones evidentemente no tiene ninguna implicación para los oficios de la iglesia o la sociedad. Por ejemplo, no es una violación del orden de Dios cuando un hijo tiene un rango militar más alto que su padre, un puesto más alto en una corporación o un cargo pastoral en una iglesia en la que sus padres son miembros. De manera similar, la sumisión

---

⁷⁶ Ibid, 59
⁷⁷ Ef 5:21

requerida de las esposas en Efesios 5 no podría interpretarse para incluir nada que se encuentre fuera del ámbito del hogar.[78]

Dentro del hogar, cuando prevalecen las circunstancias ordinarias, Dios ha dado a los esposos una responsabilidad especial de liderazgo. Como quien dice, ha puesto al esposo en el asiento del conductor. Esto de ninguna manera impide el ejercicio del liderazgo por parte de las mujeres en la sociedad y en la iglesia. Mientras tanto, al comparar el papel y el amor de los esposos con los de Cristo, este pasaje exige mucho más de los esposos que de las esposas.

Específicamente, no es difícil imaginar circunstancias en las que una esposa pueda decir: "he obedecido el mandato de Efesios 5; sin duda he mostrado sumisión". Por otro lado, pocos esposos, si acaso podrán decir que han obedecido al pie de la letra este mandamiento, amando a su esposa como Cristo ama a la iglesia.[79] De hecho, la naturaleza misma del amor de Cristo se manifiesta en que se entregó a sí mismo[80] y tomó la forma de siervo.[81] El amor del esposo no es el que se deleita en enseñorearse de su esposa, sino uno que está preparado para ser servicial.[82]

---

[78] Elwell, Walter A. "T.", 1284
[79] Ibid.
[80] Jn 15:13; 1 Jn 3:16
[81] Jn 13:1–20; Fil 2:7
[82] Elwell, Walter A. "T.",1284.

Capítulo 9

La Ordenación de la Mujer al Ministerio

"Porque yo sé muy bien los planes que tengo para ustedes —afirma el SEÑOR—, planes de bienestar y no de calamidad, a fin de darles un futuro y una esperanza"

Jeremías 29:11

En este capítulo compartiré sobre un tema de mucha controversia. La ordenación de la mujer al ministerio eclesiástico. La ordenación, por su contexto, tiene que ver con la licencia que le da una organización a una persona para realizar o fungir en el trabajo eclesiástico y en sus diferentes roles u oficinas por lo general, y en su mayoría, ha sido un privilegio para hombres solamente.

¿Es apropiado que las mujeres aspiren a roles de liderazgo dentro de la iglesia que las colocarán en posiciones de autoridad sobre los hombres? Esta pregunta surgió en muchos sectores de la iglesia del siglo XX. La Iglesia Católica Romana, continuando con su tradición, permite que solo los hombres sean ordenados al sacerdocio. Sin embargo, en la década de 1990, la Iglesia de Inglaterra abrió la puerta a la ordenación de mujeres. Por otro lado, las denominaciones evangélicas siguen divididas sobre este tema. A lo largo del siglo XX, las iglesias pentecostales tendieron a apoyar la idea de mujeres en funciones pastorales. Sin embargo, varias denominaciones conservadoras han mantenido la idea de que los pastores ordenados deben ser hombres.[83]

Como un misionero que va a una cultura extranjera, Dios ha aceptado temporalmente muchas cosas que no aprueba para mover gradualmente al mundo en una dirección que sí aprueba. Por ejemplo, el ideal de Dios desde el momento de la creación fue la monogamia. Pero a lo largo de la historia, Dios ha tolerado y trabajado dentro de las culturas polígamas para transformarlas con el tiempo.[84] De manera similar, el ideal de Dios siempre ha sido la libertad para todas las personas hechas a su imagen. Sin embargo, durante siglos, Dios toleró y trabajó dentro de los sistemas de esclavitud para finalmente derrocarlos.[85] Otro caso que vemos es que la ley de Dios (Moisés) permitió el divorcio, sólo que Jesús clarificó el verdadero deseo de Dios para la relación conyugal:

> Algunos fariseos se le acercaron y, para ponerlo a prueba, le preguntaron: —¿Está permitido que un hombre se divorcie de su esposa por cualquier motivo? —¿No han leído —replicó Jesús— que en el principio el Creador "los hizo hombre y mujer", y dijo: "Por eso dejará el hombre a su padre y a su madre, y se unirá a su esposa, y los dos llegarán a ser un solo cuerpo"? Así que ya no son

---

[83] Boyd, Gregory A.; Eddy, Paul R. Across the Spectrum: Understanding Issues in Evangelical Theology. Baker Publishing Group. Kindle Edition.
[84] Gn 29
[85] Ef 6:5–9

dos, sino uno solo. Por tanto, lo que Dios ha unido, que no lo separe el hombre. Le replicaron: —¿Por qué, entonces, mandó Moisés que un hombre le diera a su esposa un certificado de divorcio y la despidiera? —Moisés les permitió a ustedes divorciarse de sus esposas por lo obstinados que son —respondió Jesús—. Pero no fue así desde el principio. Mateo 19:3-8

Asimismo, el papel subordinado de la mujer al hombre, especialmente en lo que respecta al liderazgo espiritual, es otro aspecto de la cultura caída que Dios quiere derrocar. Dios toleró y trabajó dentro de las culturas patriarcales tanto del Antiguo como del Nuevo Testamento, pero su ideal, y por lo tanto el ideal por el que la iglesia debería luchar, **es que el liderazgo se base en los dones, no en el género**.

Te he compartido durante todo este libro una cantidad razonable de ejemplos donde la mujer tomó posiciones de liderazgo, tanto en el ámbito social, como espiritual, y siempre bajo el orden Divino. También, queda claro que la prohibición para que la mujer funja como líder espiritual ha sido cultural, y no anti-orden bíblico.

Mientras que la voluntad de Dios de adaptarse temporalmente a la cultura caída se expresa en los pasajes de prohibición, la voluntad ideal de Dios se expresa en pasajes como Gálatas 3:28, "Ya no hay judío ni griego, esclavo ni libre, hombre ni mujer, sino que **todos ustedes son uno solo en Cristo Jesús**".

Parece evidente que restringir roles sobre la base del género no está más justificado en el cuerpo de Cristo que restringir roles sobre la base de la raza o la clase. Por ejemplo, hay situaciones culturales en —el primer siglo— en las que de hecho tales restricciones tuvieron que ser toleradas. Pero siempre deben ser contra lo que la iglesia trabaja en su lucha por realizar el ideal de Dios en el mundo.[86]

Relacionado con esto, es importante notar que cada vez que Pablo o cualquier otra persona discute el ministerio en la iglesia, habla de *roles basados en los dones, no roles basados en el género*. De hecho, los pasajes del Nuevo Testamento que enumeran los dones no implican que ciertos dones estén inextricablemente conectados con el género de una persona, incluidos los dones de pastoreo, enseñanza y evangelización.[87]

Esta ausencia de especificación de género difícilmente es lo que uno esperaría si, de hecho, los dones de liderazgo estuvieran restringidos a los hombres, ya que el tema de las mujeres en el liderazgo ciertamente estaba presente en las iglesias del Nuevo Testamento.[88] En cambio, existe la declaración directa de que "hay variedades de dones.

---

[86] Boyd, Gregory A.; Eddy, Paul R.
[87] 1 Cor 12:4-31; Ef 4:11
[88] 1 Cor 11:1–16; 1 Tim 2:11–14

. . variedades de servicios. . . variedad de actividades, pero es el mismo Dios quien las activa todas en todos".[89] Nuevamente, "todo esto lo hace un mismo y único Espíritu, quien reparte a cada uno según él lo determina".[90]

<u>No hay indicios de que el género tenga algo que ver con la elección del Espíritu</u>. Si bien las culturas caídas han encasillado constantemente a las personas según su género, raza o clase, el Espíritu de Dios libera a las personas de estas restricciones arbitrarias y las libera para ejercer sus dones dados por Dios. Como Pedro declaró tan poderosamente en el día de Pentecostés,

> Sucederá que en los últimos días —dice Dios—, derramaré mi Espíritu sobre todo el género humano. Los hijos y las hijas de ustedes profetizarán, tendrán visiones los jóvenes y sueños los ancianos. En esos días derramaré mi Espíritu aun sobre mis siervos y mis siervas, y profetizarán. Hechos 2:17-18

El Espíritu de Dios ha sido derramado sobre—los SIERVOS y SIERVAS de Dios—, tanto hombres como mujeres, ¡aleluya!

De otra forma seremos culpables de idolatrar la cultura caída y apagar el Espíritu si canonizamos las restricciones del primer siglo

---

[89] 1 Cor 12:4-6
[90] 1 Cor 12:11

contra las mujeres y las interpretamos como parte del ideal de Dios para todos los tiempos.

No es diferente a ciertos cristianos en el pasado tratando de usar la aceptación de la esclavitud en la Biblia como una justificación para su práctica continua. Recuerdo haber visitado el Museo de la Biblia en Washington D.C. Con gran tristeza me enteré de que la Iglesia había creado una Biblia especialmente para el tiempo de la esclavitud con la cual se pretendía la manipulación de los esclavos. La Biblia del esclavo desvió la atención de los pasajes que enfatizan la libertad hacia temas de obediencia y sumisión. El libro de Apocalipsis, que mencionaba un "nuevo reino", faltaba en el Nuevo Testamento. De las pocas Biblias de esclavos que quedan, una está en exhibición en el Museo de la Biblia. A pesar de estas omisiones e intentos similares de usar la Biblia para apoyar la esclavitud, las comunidades esclavizadas se sintieron atraídas por la historia del éxodo en las historias que transmitieron y en las palabras y la música espiritual.[91]

---

[91] https://www.museumofthebible.org/book-minute/slave-bible-in-the-1800s

Capítulo 10

Sexo Débil

"Está atenta a la marcha de su hogar, y el pan que come no es fruto del ocio"

Proverbios 31:27

Hay varios temas que pudieran ser aprobados por unos y desaprobados por otros, temas que posiblemente no estén al grado sectario, apostasía o de herejía, y se ven por doquier. Sin embargo, uno de los temas con más delicadeza en la iglesia es el tema que escribo en este libro.

A las mujeres [en el siglo XIX] no se les otorgaba lo que el siglo XX considera derechos humanos básicos. En la política, las mujeres eran virtualmente inexistentes. Sus aportes estaban mayormente confinados al reino del hogar. No podían conseguir un empleo de su elección y la educación superior estaba prácticamente cerrada para ellas. Además, no solo se les negaba el derecho a votar, sino que social e individualmente eran consideradas como bajo la jurisdicción de los hombres. Una vez que se casaba, la mujer perdía todo derecho a cualquier propiedad que hubiera poseído con anterioridad; esta era transferida a su marido. En ocasión de un divorcio, no tenía derechos legales ni a su propio cuerpo ni a sus hijos.

En la comunidad cristiana evangélica de los Estados Unidos, el tema de dominio/sumisión/igualdad está a la raíz de la

> disputa entre los dos grupos mayoritarios en el debate sobre la ordenación. El Council on Biblical Manhood and Womanhood (Concilio sobre la Masculinidad y la Femineidad Bíblicas), que representa a quienes se oponen a la ordenación de la mujer, en última instancia basa su argumento bíblico sobre la premisa de que el plan divino de la creación afirmaba la igualdad de los sexos en lo espiritual, pero hacía distinción de roles debido al dominio del hombre sobre la mujer […] Quienes sostienen esta posición son llamados "patriarcalistas", "jerárquicos", o (su designación preferida) "complementaristas". El segundo grupo, Christians for Biblical Equality (Cristianos por la Igualdad Bíblica), que representa a los evangélicos que apoyan la ordenación de la mujer, argumenta que el plan divino en la creación afirmaba la igualdad plena de los sexos, sin ninguna dominación masculina […] Quienes sostienen este punto de vista son llamados "cristianos feministas" o (su designación preferida) "igualitarios".[92]

Sobre si la mujer puede o debiera ser ordenada, liderar, o enseñar al hombre, he escuchado un sinnúmero de razones o excusas, algunas sin el más mínimo fundamento, otras tan ridículas que ni cabe mencionarlas. En mi tiempo como ministro del evangelio, Dios me ha dado el privilegio de viajar por Europa, por todo el continente de América, incluyendo el Caribe, como también Asia. He trabajado con todo tipo de organización evangélica y denominación, con ministerios

---

[92] Zondervan. BTV # 12: Manual de investigación teológica (Biblioteca Teologica Vida) (Spanish Edition) (p. 303). Vida. Kindle Edition.

legalistas y liberales, en fin, he visto de todo lo que se pueda ver. Creo que por eso me encuentro escribiendo, y escribiendo, tratando de hacerlo con tal claridad, y con los fundamentos apropiados para que tú, que te encuentras leyendo, puedas ver la Verdad sobre el asunto de la Mujer y hacer algo al respecto.

En una ocasión un muy buen amigo, y mentor en el tema de familia y matrimonio, Apóstol César Morales, de Ministerio Internacional Castillo Fuerte, me contó algo que quiero ahora dejar contigo. Mi buen amigo, es una persona muy orgullosa de sus hijos, ya que su ministerio se basa en la enseñanza sobre la familia, sus hijos siempre han sido presentados con gozo y gran sonrisa en su cara. Resulta que su esposa, Pastora Aury Hernández lo acompaña a todos sus viajes internacionales, y hasta predica y educa a su lado. Su hijo menor es pastor, su hijo mayor estaba en el periodo de clarificar su llamado de profeta. Para gozo de mi amigo sus hijos y sus familias siempre involucrados en la iglesia, y él se aseguraba de comentarlo al empezar su enseñanza donde quiera que se encontrara. Sólo que se topó con un problema. En algunas de las iglesias que visitaba, le pedían que no mencionara algo. Resulta que su hija mayor, ha liderado por varios años como pastor una iglesia en California. Le pedían mencionar sobre los hijos en el ministerio, pero no lo de la hija en el ministerio. Su hija, podía ser mencionada, pero nada de que fuera Pastor de una Iglesia. Para estas personas era sacrilegio el sólo pensar que una mujer fuera pastor. De ella quiero hablar.

Resulta que Pastor Susy Morales, ha pastoreado La Comunidad Cristiana Zoe aquí en el Sur de California desde el año 2014. Como guerrera valiente sigue perseverando contra todo viento y marea. Ella ha sido mi discípula desde el año 2005, y tomó el liderazgo como pastor de la iglesia que fundé y pastoreé desde el 2004. Recuerdo que cuando me acerqué a la Asociación Zoe Internacional para comentarles que me estaba preparando para ser relevado ya que iba a tomar un rol apostólico, debido a que me encontraba viajando internacionalmente, visitando diversas iglesias y enseñando sobre el área de liderazgo, y ayudando a pastores y ministros como consultor y mentor. Cuando les comenté que la persona a relevarme era la ministra Susy y que tendríamos que ordenarla como pastor, en ese momento hubo una pausa incomoda antes de la contestación. El Obispo de la Asociación en ese tiempo, fue comprensivo y mencionó algunas mujeres pastores como ejemplo, y dijo que estaba de acuerdo. Otro Pastor mencionó que estaba bien, pero que iba a ser muy difícil para ella pastorear, ya que es mujer y no estaba casada. Pastor Susy, ha comprobado con el tiempo ser una de las mujeres más fuertes e inteligentes que he conocido.

Sin embargo, he pensado que, para muchos, como este pastor que pensó que por ser mujer y no estar casada le sería muy difícil pastorear, creo que se les hace difícil ver a una mujer como pastor, ya que se enfocan en lo que se percibe como el sexo débil. Nada que ver con lo que dijo Pablo, o alguna escritura, no, sólo porque es mujer.

Mujer, ¿dónde estás?

Mujer Sexo débil. Aunque la gente no lo dice, lo insinúa muchas veces. ¿Mujer Pastor? ¿Pero cómo le va a hacer cuando se encuentre en su mes? Pero si ni siquiera está casada ¿Cómo podrá liderar asuntos difíciles? No creo que una mujer pastor pueda dar consejería a los hombres, y menos si no está casada, ¿Cómo podrá ministrar a cónyuges? Todas estas preguntas que se hacen con—espíritu misógino a flor de piel—muchas veces inconscientemente, otras muy apropósito. Estos mismos predican lo especial que fue el apóstol Pablo, un hombre que nunca se casó, y aconsejaba a matrimonios y que siendo hombre daba consejería a mujeres. Ni que hablar de Jesús.

Ah, pero estas personas piensan, "el apóstol Pablo era hombre. Él estaba dispuesto a morir por el evangelio,[93] por su valentía (de hombre) no le importaba lo que sufriría. Una mujer no podría porque es parte del sexo débil."

Sin embargo, ya que te he compartido sobre algunas grandes mujeres en el Viejo y Nuevo Testamento, deja comparto un poco sobre mujeres comprometidas en el tiempo de la iglesia primitiva. Son acontecimientos bien documentados por el gobierno romano e historiadores. Después de leer esto, cambiarás tu parecer sobre la mujer como sexo débil.

---

[93] Hch 20:2

Para poder darte el contexto necesario y llegar al punto te comparto lo que escribió uno de los historiadores más importantes de todos los tiempos, un erudito llamado, Justo L. González. Justo comparte que de todos los mártires cristianos que, sufriendo tortura en una ocasión bajo el régimen de Marco Aurelio, la más destacada fue Blandina. Una Mujer. —Que sexo débil, ni que nada—. Lee lo siguiente para ver qué tan débil fue Blandina.

> Por último, como ejemplo de la suerte de los cristianos bajo el régimen de Marco Aurelio, debemos mencionar la carta que las iglesias de Lión y Viena, en la Galia, les enviaron en el año 177 a sus hermanos de Frigia y Asia Menor. Al principio la persecución en esas dos ciudades parece haberse limitado a prohibiciones que les impedían a los cristianos presentarse en lugares públicos. Después la plebe comenzó a seguirles por las calles, insultándoles, golpeándoles y apedreándoles. Por fin varios de ellos fueron presos y llevados ante el gobernador para ser juzgados. En ese momento uno de entre la multitud, Vetio Epágato, se ofreció a defender a los acusados, y cuando el gobernador le preguntó si era cristiano y él respondió afirmativamente, sin permitirle decir una palabra más, el gobernador ordenó que se le añadiera al grupo de los acusados.
> La persecución había caído sobre estas dos ciudades inesperadamente, "como un relámpago", y por tanto no todos estaban listos para enfrentarse al martirio. Según nos cuenta la carta que estamos citando, alrededor de diez fueron débiles y "salieron del vientre de la iglesia como abortos".
> Los demás, sin embargo, se mostraron firmes, al mismo tiempo que tanto el gobernador como el

Mujer, ¿dónde estás?

pueblo se indignaban cada vez más contra ellos. De boca en boca corrían rumores acerca de las horribles prácticas de los cristianos... En vista de su obstinación, y probablemente para ganarse la simpatía del pueblo, el gobernador hizo torturar a los acusados. Un tal Santo se limitó a responder: "soy cristiano", y mientras más le torturaban y más preguntas le hacían, más firme se mostraba en no decir otra palabra. La cárcel estaba tan llena de prisioneros, que muchos murieron asfixiados antes que los verdugos pudieran aplicarles la pena de muerte. Algunos de los que antes habían negado su fe, al ver a sus hermanos tan valerosos en medio de tantas pruebas, volvieron a su antigua confesión y murieron también como mártires. **Pero la más destacada de todos estos mártires fue Blandina**, una mujer débil por quien temían sus hermanos. Cuando le llegó el momento de ser torturada, mostró tal resistencia que los verdugos tenían que turnarse. Cuando varios de los mártires fueron llevados al circo, Blandina fue colgada de un madero en medio de ellos y desde allí les alentaba. Como las fieras no la atacaron, los guardias la llevaron de nuevo a la cárcel. Por fin, el día de tan cruentos espectáculos, **Blandina fue torturada en público de diversas maneras. Primero la azotaron; después la hicieron morder por fieras; acto seguido la sentaron en una silla de hierro candente; y a la postre la encerraron en una red e hicieron que un toro bravo la corneara.**
Como en medio de tales tormentos Blandina seguía firme en su fe, por fin las autoridades ordenaron que fuese degollada.[94]

---

[94] Justo L. González, 70-73. (*Resalte agregado por el autor)

¡Qué va! Esta mujer, mártir de la iglesia, de débil no tenía nada. La diferencia está en entender el propósito por el cual has sido creado, si eres o hombre o mujer, es entender lo que Dios tiene para ti. La mujer seguirá con pasión, sea lo que sea, ya que haya descubierto su propósito.

En mi libro Sueña, Visualiza, Cree y Aprende a Recibir, comparto de otra mujer que pasó por el martirio. Ella fue Felicidad y sus siete hijos. La trataron de convencer de negar a Cristo, ella jamás titubeó, además animó a sus siete hijos a mantenerse firmes en la fe también. Tanto ella, como sus siete hijos fueron torturados y aniquilados. Una viuda, tubo la valentía de ofrecer su vida por la fe que la sostenía. Repito y enfatizo, —que sexo débil, ni que nada.[95]

---

[95] Ibid., 69.

Capítulo 11
Contra Viento y Marea

Mujer ejemplar, ¿dónde se hallará? ¡Es más valiosa que las piedras preciosas!

Proverbios 31:10

Tenemos a otra mujer que también contra viento y marea, perseveró. María Salomea Skłodowska, nació el 7 de noviembre de 1867, Varsovia, Reino del Congreso de Polonia, Imperio Ruso. María, a corta edad, pasó por dificultades financieras junto a su familia que habían perdido propiedades y fortunas a través de la participación patriótica en los levantamientos nacionales polacos para restaurar la independencia de Polonia. Esto condenó a la siguiente generación, incluyendo a María y sus hermanos mayores, a una difícil lucha por salir adelante en la vida. No obstante, llegó a ser una física de gran renombre, famosa por su trabajo sobre la radiactividad y dos veces ganadora del Premio Nobel. Con Henri Becquerel y su marido, Pierre Curie, recibió el Premio Nobel de Física de 1903. Fue la única ganadora del Premio Nobel de Química de 1911. Fue la primera mujer en ganar un Premio Nobel, y es la única mujer en ganar el premio en dos campos diferentes. Contra viento y marea María sobresalió, ya que se enfocó a realizar su propósito. Pese a que María fue criada a fines del siglo diecinueve y principio del veinte, ella no se distrajo por la cultura del día, ni la exigencia de la sociedad hacia la mujer o la ruina financiera. Ella logró ser la primera mujer ganadora, no sólo de un Premio Nobel, sino de dos, dejando un gran legado científico. [96]

En una ocasión conocí a una señora cristiana en la ciudad de Tecate, México. Ella me contó que cuando recibió a Cristo, empezó a asistir a la iglesia. Su esposo, muy enojado, le prohibía ir con los aleluyas. Ella, decidida a seguir asistiendo y aprendiendo de la Palabra, hizo caso omiso a las exigencias del esposo. El esposo le quitaba los zapatos y le decía, "pues si deveras quieres ir, te vas sin zapatos". Ella se iba sin zapatos a alabar al Dios que le había transformado. El esposo, no obstante, se iba detrás de ella y se ponía a tirarle piedras al edificio de la iglesia. Con el tiempo, el esposo se arrepintió, recibió a Cristo también, y su vida cambió. Llegó a ser pastor. Yo lo conocí en el año 2000, nos hicimos grandes amigos.

Otra historia similar es la del gran predicador Smith Wigglesworth. El no creía en Jesús. Su esposa empezó a ir a la iglesia, sin embargo, Smith se lo prohibió rotundamente. Ella continuó, sólo que un día el esposo le dijo que si se iba para la iglesia encontraría la puerta de su casa cerrada. Así pasó. La esposa se fue a la celebración eclesiástica, y cuando regresó, la puerta de su casa se encontraba cerrada. Al otro día por la mañana, Wigglesworth se levantó se dirigió

---

[96] Britannica, T. Editors of Encyclopaedia. "Marie Curie." Encyclopedia Britannica, March 28, 2023. https://www.britannica.com/biography/Marie-Curie.

a la puerta, y cuando la abrió, ahí estaba su esposa acostada al pie de la entrada. Rápidamente se levantó y le dijo a su esposo, "¿qué quieres que te prepare de desayunar?" La persistencia de esta mujer de Dios, —que de débil no tenía nada—, hizo que su esposo se acercara a Dios. Wigglesworth llegó a ser unos de los predicadores más importante de la historia de la Iglesia.

Otra de las grandes mujeres de Dios, que no se detuvo por nada para realizar su propósito fue Catherine Booth. Ella nació en Inglaterra en 1829. Elocuente predicadora y gran trabajadora social. Su padre era constructor de carruajes y, en algún momento, predicador laico metodista, su madre, una mujer profundamente religiosa de tipo puritano. Catherine, inválida en la adolescencia, fue educada principalmente en casa y pronto adquirió cierta competencia en la teología de su época. La familia se mudó a Londres en 1844 y ella se convirtió en miembro activo de la Iglesia Metodista Wesleyana en Brixton. Cuando esta iglesia expulsó a un grupo de "reformadores", ella y su futuro esposo se unieron a ellos. Se casaron en 1855 y Catherine se convirtió en la devota ayudante de su esposo.

Booth era una creyente convencida del derecho de la mujer a predicar el evangelio, y su folleto Ministerio femenino (1859) sigue siendo convincente. Ella misma comenzó a predicar en la iglesia de su esposo en Gateshead en 1860. Se convirtió en una notable oradora y entre 1880 y 1884 dirigió reuniones de gran éxito en varios salones del

West End de Londres. En 1885 participó en una campaña que aseguró la aprobación de la Ley de Enmienda de la Ley Penal, diseñada para proteger a las niñas.[97]

Catherine fue parte fundamental como cofundadora del Salvation Army (Armada de Salvación), una organización religiosa, para atender a los más marginados, que ha seguido en pie por más de 150 años. La organización ha tenido su altos y bajos, pero contra viento y marea siguen adelante, impactando con su mensaje y ayuda en más de 130 países en el mundo.

Aimee Semple McPherson, otra mujer que fue fundamental para la obra del Evangelio, fundando una iglesia que se levantó como una de las denominaciones más grandes, La Iglesia Cuadrangular. A pesar de que Aimme tuvo también una cantidad de sube y bajas, contra viento y marea, realizó un trabajo ministerial de gran impacto para la iglesia cristiana. Aimee fundó La Iglesia Cuadrangular en 1923. Tres universidades están afiliadas a este ministerio: Life Pacific University, en San Dimas, California, Life Pacific College Virginia en Christiansburg, Virginia y Pacific Life Bible College en Surrey, Columbia Británica. En 2006, la membresía en los Estados Unidos fue de 353.995 en 1.875 iglesias.

---

[97] Britannica, T. Editors of Encyclopaedia. "Catherine Booth.

Mujer, ¿dónde estás?

Otra impactante mujer fue, Sojourner Truth, nació como esclava en Nueva York en 1797, su nombre era Isabella Baumfree. Solo hablaba holandés hasta que fue vendida a la edad de 9 años. En 1827, escapó a Canadá, donde permaneció hasta que el estado de Nueva York abolió la esclavitud. Al regresar a Estados Unidos como empleada doméstica, ayudó con la predicación del evangelio en la esquina de la calle de Elijah Pierson. En 1843, escuchó "una voz del cielo" y comenzó a difundir "la verdad y el plan de salvación de Dios". Convencida de que Dios la había llamado a dejar la ciudad e ir al campo, "testificando la esperanza que había en ella". Durante la Guerra Civil, Truth ayudó a reclutar tropas negras para el Ejército de la Unión. Después de la guerra, intentó sin éxito obtener concesiones de tierras del gobierno federal para los antiguos esclavos. Contra viento y marea, continuó luchando por la igualdad y los derechos civiles en nombre de las mujeres y los afroamericanos hasta su muerte.[98]

Otra mujer que no se quedó con los brazos cruzados fue Amy Carmichael, ella trabajó primero en Japón, luego en Ceilán, pero el trabajo principal de su vida fue en el sur de la India. Adoptó ropa india y predicó el Evangelio a todos los que quisieran escuchar, guiando a muchas mujeres a Cristo. Amy vivía entre las mujeres indias que habían

---

[98] vonBuseck, Craig. "Famous Christian Women Who Changed the Modern World." *Focus on the Family*. Last modified April 4, 2022. Accessed May 3, 2023.
https://www.focusonthefamily.com/parenting/famous-christian-women-who-changed-the-modern-world/.

sido perseguidas después de convertirse del hinduismo a Cristo. Cuando Amy o "Amma" (que significa madre) se enteró de la prostitución infantil y el tráfico de niños en nombre del hinduismo, primero comenzó a acoger a niñas y luego a niños, creando un refugio para niños. Trabajando con otras mujeres indias, Amy creó un gran albergue y un hospital para niños. Fundó la Misión Dohhnavur donde ayudó a salvar a miles de niños de la prostitución. A pesar de la constante oposición, contra viento y marea, su incansable labor como reformadora social llevó a que se cambiara la ley en la India para proteger a los niños del tráfico y la prostitución.[99] ¡Tremendo trabajo el de esta mujer!

Una de las matemáticas afroamericanas que aparecen en la película "Figuras Ocultas", Katherine G. Johnson, también fue miembro durante mucho tiempo de la Iglesia Presbiteriana Carver Memorial en Newport News, Virginia. Matemática de la NASA y tecnóloga aeroespacial de 1953 a 1986, los cálculos de Johnson influyeron en todos los programas espaciales importantes, desde los astronautas de Mercury hasta el programa del transbordador espacial. Sus cálculos ayudaron a sincronizar el Apollo Lunar Lander con el Command and Service Module que orbita la luna. Quizás fue mejor conocida por el trabajo que realizó antes de la misión orbital de 1962 del astronauta John Glenn.

---

[99] Ibid.

Mujer, ¿dónde estás?

Preocupado por las fallas de las primeras computadoras, Glenn pidió a los ingenieros que "consiguieran que la chica", es decir, Johnson, ejecutara los mismos números que habían sido programados en la computadora, pero a mano en su máquina calculadora de escritorio. "Si ella dice que son buenos", declaró Glenn, "entonces estoy listo para comenzar".[100]

Cabe mencionar la discriminación que sufrió en esos críticos momentos. Habrías que ver la película Figuras Ocultas para apreciar más la situación por la que pasó Katherine. Ella, contra viento y marea, continuó su propósito. En 2015, el presidente Obama le otorgó la Medalla de la Libertad cuando tenía 97 años, llamándola "una pionera en la historia espacial estadounidense".

---

[100] Ibid.

Capítulo 12

¿Qué de la Ama de Casa?

"Este niño renovará tu vida y te sustentará en la vejez, porque lo ha dado a luz tu nuera, que te ama y es para ti mejor que siete hijos"

Rut 4:15

¿Qué de la Ama de Casa? Creo que esta pregunta ha estado en la mente de varias personas que se encuentran leyendo este libro. Ya que hemos leído sobre todo lo que la mujer pudiera llegar a ser, que tal la mujer que no siente ser llamada a liderar ninguna empresa, ministerio o iglesia. Toda mujer ha sido creada a la imagen de Dios. Cada una de ellas tiene la oportunidad de buscar, entender y llevar a cabo su propósito. Posiblemente, este propósito no tiene que ver con liderar una iglesia, o una empresa, quizás, no tenga que ver con lograr algún descubrimiento para la humanidad. De cualquier forma, cualquier que sea el rol de la mujer, tiene que aprender a liderar en su círculo de influencia, hasta de ama de casa. En realidad, el verdadero liderazgo no tiene que ver con ninguna posición, ¡el liderazgo es una ACTITUD!

Una persona me dijo un día que la mujer casada debe de mantenerse sometida al hombre, ya que el hombre había sido creado primero y la mujer después. "También lo dijo Pablo", argumentó. Una vez más, creo que gente toma literalmente algún comentario, sin contexto o exégesis. Sólo repiten lo que escuchan por ahí. Por ejemplo, si la razón que das para que la mujer se encuentre totalmente callada, sin autoridad para expresarse, o añadir como persona, sólo porque el hombre fue creado primero y la mujer después, con ese argumento, entonces el hombre debe de someterse a los animales, ya que los animales fueron creados primero que el hombre.[101]

Creo que exagero con mis comentarios, así que deja clarifico lo que quiero decir. Formamos parte de un *todo*. Todo cristiano es parte de un sistema unificado, todo conectado.[102]

Nuestra enseñanza sobre este tema debe surgir de nuestra creencia fundamental en la Palabra de Dios. En la fuerza de uno, —una persona, una organización, un cuerpo—que sostiene que todos en el Cuerpo de Cristo son parte de un sistema unificado, un sistema todo conectado. Además, corresponde a todos y cada uno de nosotros el descubrir cómo las cosas que parecen ser independientes pueden unirse. Por ende, el hombre y la mujer deben de descubrir ese propósito por el cual han sido creados. Así como Pablo nos dice que "lo cierto es que hay muchos miembros, pero el cuerpo es uno solo."[103] La comparación es perfecta. Cuando hablamos de una ama de casa, esta persona forma parte de algo más grande que sólo la casa. De un propósito específico que se encuentra conectado al futuro de un

---

[101] Gn 1:21
[102] Jn 17:22; 1 Cor 12:12
[103] 1 Cor 12:20

matrimonio, y familia. De igual manera el esposo, los dos cónyuges deben de visualizar su futuro. En esa visión encontrarán no sólo sus metas a lograr, sino que también sus roles. Para que esto se realice, el diálogo es imperativo. Y me refiero a un diálogo eficaz, que tiene que ver con el fluir de ideas. Buscar primeramente comprender, para después ser comprendido. Escuchar y reflexionar y preguntar para así clarificar significados y poder llegar un fin en mente.

Recuerda que los cónyuges son parte del cuerpo de Cristo, como el cuerpo humano que tiene diferentes partes, pero todas funcionan integradas para un fin en mente. Así mismo, los cónyuges deben de trabajar para la visión en común.

Encontrar los roles de cada uno, como cónyuges y padres es de magna importancia. Por lo general, personas contraen matrimonio, por razones personales, por amor, por conveniencia, por necesidad, ya sea emocional, física o financiera. En otras palabras, se unen para suplir una necesidad personal, no un propósito en común. Este es el primer problema. Hombres y mujeres aprenden por separado, en sus casas como se forma un hogar. Dos personas con cultura diferente se unen por intenciones personales. Y ahí es que empieza la batalla, lo difícil que es vivir así. Ya que "donde no hay visión, el pueblo se extravía".[104] Familias viviendo todos los días, trabajando, alimentándose, divirtiéndose, pero extraviadas, sin un rumbo u orientación. Cuando

---
[104] Prov 29:18

uno se encuentra extraviado, no hay sentido de dirección, y, por ende, empiezan los abusos, los malentendidos, las confusiones, etc. Si esto es lo que pasa cuando no hay una visión clara del futuro, tener una visión exhaustiva y clara del futuro daría resultados espectaculares. Ya que como Joe Barker dijo: "A una visión significativa le precede a un éxito significativo".

Gente que ama lo que hace, sabe por qué lo hace. Tener claridad del porqué, para todo qué, es crucial para empezar a caminar en propósito. Los cónyuges deben comprender completamente su rol y cómo funciona en relación con su pareja y familia, y luego perseguir y ampliar los perímetros de su rol en la dirección de la visión.

La esposa, comprende su rol de cónyuge, y de madre (si es que ya tiene hijos). Ese rol evoluciona con los años. La esposa, podrá ejercer un rol específico al comienzo de su matrimonio, pero ese va cambiando por varios factores. Ya sea que, tenga que ayudar financieramente con el sustento del hogar. He conocido, esposas que trabajan para sustentar el hogar, mientras el esposo acaba una carrera universitaria, o viceversa. Uno de los cambios más grandes es cuando nacen las nuevas adiciones en la familia, esto obliga a cambiar roles, tanto de la madre como del padre. Ese rol cambia cuando los bebés crecen a ser niños, para después cambiar ya que se han vuelto adolescentes, y para cuando llegan a ser adultos, los padres pasen por uno de los cambios de roles más significativos ya que vuelven a donde comenzaron, solos los dos cónyuges.

Cualquier que sea la situación, un diálogo eficaz sobre, metas, roles y procesos para dirigirse a la Visión en mente, es primordial. Una ama de casa es muy importante. Como te mencioné al principio de este libro, yo he trabajado como consultor de liderazgo personal con varias mujeres, algunas de ellas, amas de casa. Ha sido de gran bendición aprender tanto de las situaciones que pasan. Creo que el mayor reto para la familia se encuentra en la falta de claridad de metas, roles y procesos. El mayor de su tiempo se desperdicia en lo que llamo las tres "Ps", *Personalidades, Política y Pedazos*.

Capítulo 13

Clarificando las Cosas

"Se reviste de fuerza y dignidad, y afronta segura el porvenir. Cuando habla, lo hace con sabiduría; cuando instruye, lo hace con amor"

Proverbios 31:25-26

Sobre *Personalidades, Política y Pedazos*, este tema es tan interesante que pudiera escribir todo un libro al respecto. Sólo que por ahora te doy una descripción básica.

- **Personalidades**

    Las personalidades son los rasgos que la persona lleva consigo. Estos se han desarrollado con el tiempo. Son el resultado de su *Crianza y Naturaleza*. ¿Será que es una persona con un patrón de Perfeccionista, o quizás, de Promotor? Tal vez es Orientado en Resultados, ¿será que es Introvertido, o Extrovertido? Las personas que se conocen así mismas tendrán la oportunidad de ser más eficaces en su comunicación, y trabajo en equipo.

- **Política**

    Esto tiene que ver más con lo cultural. En una ocasión, visitando a mi hermana, me invitó a comer. Yo me senté en cualquier silla de una mesa redonda. Ella rápidamente, y con una preocupación que fuera yo descubierto, me dijo, "no te sientes ahí, esa es la silla de mi esposo". Eso es política en el hogar.

- **Pedazos**

  Los pedazos, son eso, pedazos. Son las pequeñas cosas que diario a diario se acumulan, hasta que la persona decide explotar de tanto pedazo que viene cargando.

Claro que debemos de dejar tiempo para estas tres "Ps". Para que una organización como la del matrimonio tenga un nivel de éxito, debe de invertir 90% su tiempo y recursos en claridad de metas, roles y procesos, y sólo 10% en las tres "P".

¿Cuál es nuestra visión familiar? ¿Qué metas nos ayudarían acercarnos a nuestra visión? En esas metas, ¿Qué roles tengo que aprender, desarrollar y practicar como Mujer/Hombre? Ahora, ¿Qué procesos se tienen que crear para poder realizarlo?

En una cultura machista, el hombre trabaja, le da a la esposa lo suficiente para que cubra los gastos del hogar. En su mayoría, la esposa nunca se entera lo que el marido gana, así que, si el "viejo" le dice, no hay dinero, ella sólo se tiene que preocupar, pero nunca sabrá si en realidad hay o no hay dinero, sólo que su esposo le dice que no hay. Esto es típico, cuando el hombre ha aprendido a manipular a la mujer a su antojo con la zanahoria del dinero. Nada que ver con un bien común o fin en mente. Lamentablemente, algunas de las mujeres que empiezan a trabajar, practican actitudes similares. Ella, tiende a no ser abierta y honesta sobre el dinero que gana, o ahorra. Se ve como si lo que ganó es de ella, y nada más de ella, "no tengo porque decirle, él nunca me dice", toman la misma actitud fragmentadora y contraproducente a una familia con visión clara de prosperidad. Más bien, se practican la fragmentación y actitudes de escasez.

Para poder practicar lo abundante hacia un matrimonio exitoso, se requiere la comunicación eficaz. Aprender a escuchar es uno de los primeros pasos. Sin embargo, en la mayoría de los casos, la única vez que se platica de algo es cuando el marido quiere platicar, si no, de nada se habla. Esto llevará al matrimonio a la separación, tarde que temprano.

Algo que le puede añadir valor a una relación conyugal es Visión de lo que esperan realizar juntos. Crear objetivos para así acercarse a esa visión. Entender el rol de cada uno, y como puede este evolucionar con el tiempo. Otra cosa, es crear una lista con las actitudes, comportamientos que se deben de practicar para poder ver la visión una realidad. Por ejemplo: Una Comunicación que sea, _de frente, abierta, honesta, directa, específica y de cuidado_. Entender cada uno, que quiere decir cada una de estas palabras para que tengan una comprensión compartida de lo que están creando. Se tiene que hablar sobre que significa el amor para ambos, la entrega, el respeto, el apoyo, el PERDÓN. Una de las cosas que decidí preguntarles a las parejas que se desean casar, es ¿qué sería lo que no tolerarías de tu pareja? ¿lo qué no le perdonarías? si mencionan una lista de cosas, yo les diría, oh, no estas listo(a) para contraer matrimonio. ¿Por qué? su visión debe de ser más grande que una persona. Saber que la visión sólo se realizará si se trabaja en equipo, haciendo el ego, la conmiseración, y el rencor a un lado. La esposa y el esposo conjuntamente planeando, y creando el futuro de su familia.

Conclusión

*"Quien halla esposa halla la felicidad:
muestras de su favor le ha dado el Señor"*

Proverbios 18:22

Dios creó al ser humano perfecto. En su perfección y haciendo uso de su libre albedrío, el ser humano se apartó de Dios, y así pasaron a sufrir las consecuencias de su decisión. No obstante, Dios en su amor infinito, nos brinda la oportunidad de regresar a Él por medio de su Hijo Jesucristo, quien se llevó toda maldición, clavándola en la Cruz del Calvario.[105]

Cristo nos da la oportunidad de volver al Padre, y empezar a practicar todo lo que es eficaz y abundante para cada uno de nosotros y nuestro entorno, ya sea matrimonio, empresa o ministerio. Estas prácticas abundantes y eficaces tienen que ver con AMOR, y no temor, ya que el temor fue parte de la caída. Y es por medio de ese amor que podremos desarrollar conductas y crear procesos, que sean parte del propósito de nuestra vida.

La mujer, lamentablemente ha sufrido en grande los efectos de la caída del ser humano; sin embargo, aunque ha gozado en los últimos

---

[105] Col 2:14

años de oportunidades nunca accesibles, todavía falta más claridad sobre el tema, este es el propósito que este libro pretende compartir.

Mujer, te mereces el despertar de tu vida, **"todo es posible para aquel que cree"**,[106] así que deseo que logres lo inalcanzable, y nazcan nuevas oportunidades nunca imaginables.

Espero que haya añadido valor a tu trabajo de la vida y jornada hacia el éxito. Quedo como tu servidor.

Hugo E. Martínez Loustaunau

---

[106] Mc 9:23

Agradecimiento

Le agradezco de todo corazón a todas las personas que añadieron VALOR a mi trabajo. Al terminar este libro, se dispusieron a leer el manuscrito, revisarlo, añadir comentarios, y ediciones. Todas las personas mencionadas aquí abajo, han sido de gran bendición, no sólo para el trabajo plasmado en este libro, sino que también para mi vida y la vida de mi familia.

¡Bendiciones para todas las personas mencionadas aquí!

Adalí Torres Hernández, El Súchil, Guerrero, México
Ministra, Arlene Valdivia, Elsinore, California, EUA
Apóstol, Dr. César Morales Ibarra, Ciudad de Guatemala, Guatemala
Profesora, Dolores Martínez Rojas, Durango, Durango, México
Jacqueline Martínez de Valles, Durango, Durango, México
Jurixy Matute, San Bernardino, California, EUA
Pastor, Susy Morales Hernández, Beaumont, California, EUA

Sobre el Autor

Hugo E. Martínez Loustaunau, es un ministro, asesor, conferencista, maestro y escritor con una pasión para facilitar la realización del pleno potencial en las personas. Él cuenta con una amplia experiencia ministerial, empresarial, y liderazgo intensivo, así como también una orientación visionaria, y una cosmovisión de abundancia.

Hugo es reconocido nacional e internacionalmente por su sabiduría y capacidad de transmitir su profunda comprensión sobre cómo las organizaciones pueden integrarse y eficazmente liderar y al mismo tiempo crear resultados abundantes. A medida que se trabaja a través de retos de transición que son esenciales para el desarrollo del liderazgo, él es un guía confiable de líderes en todos los niveles.

Hugo Martínez se unió como socio al Telein Group, Inc., un grupo de asesoría empresarial de magna importancia global. Con su vasta experiencia en administración de negocios, liderazgo, energía y entusiasmo combinado a la filosofía de abundancia que practica este grupo lo hacen un contribuidor de gran valor para el grupo y su clientela.

Hugo tuvo una exitosa carrera empresarial de más de 20 años. Durante este tiempo, adquirió amplia experiencia con relación a gestión empresarial, así como también creó y enseñó una amplia gama de programas educativos para empleados. Además de esta experiencia empresarial, Hugo fundó y dirige con éxito una organización sin fines de lucro, Zoe Christian Fellowship.

Hugo tiene el honor de haber sido ordenado como Pastor y consagrado como Apóstol, integrando en su propósito el trabajo de misiones globales y educación en el área de liderazgo le ha llevado a lugares como Asia, Europa, México, Centro y Sudamérica y el Caribe. Gozando de una gran demanda como conferencista y maestro en el marco internacional y eventos mundiales. Además, ocupa un asiento en la Mesa Directiva de Zoe International. Está certificado en Administración de Recursos Humanos por la Universidad de California, y ha recibido numerosos diplomados en áreas industriales y de recursos humanos. Goza de una Licenciatura en Ciencias, con énfasis en Religión, Teología y estudios Bíblicos con honores "Summa Cum Laude", de Liberty University, Lynchburg Virginia, y es miembro honorario y vitalicio del "La Sociedad Nacional de Académicos Colegiales".

Bibliografía

Boyd, Gregory A., and Paul R. Eddy. Across the Spectrum: Understanding Issues in Evangelical Theology. Second ed. Kindle Edition. Grand Rapids: Baker Publishing Group., 2009

De Vyhmeister, Nancy Weber. *MANUAL DE INVESTIGACIÓN TEOLÓGICA.* Edited by Anabel Fernández Ortiz and Juan Carlos Martín Cobano. EPub ed. Spanish. Grand Rapids, MI: Zodervan,

Earley, Dave; Gutiérrez, Ben (2012-09-06). Ministerio es . . . (Spanish Edition) (KindleLocations 254-255). B&H Publishing. Kindle Edition.

Elwell, Walter A., ed. *Evangelical Dictionary of Theology.* 2nd ed. Grand Rapids, MI: Baker Academic, 2001.

Gonzalez, Justo L. (2014-11-25). The Story of Christianity: Volume 1 (Kindle Locations 1773-1774). HarperCollins. Kindle Edition.

Parker Prince, Misogyny.Cordoba, Spain, Xulon Press, 2017. https://dle.rae.es/misoginia?m=form

REAL ACADEMIA ESPAÑOLA: *Diccionario de la lengua española*, 23.ª ed., [versión 23.6 en línea]. <https://dle.rae.es rch 28, 2023.

Rick Meyers,e-Sword,2022.

Stegenga, J., and Alfred Tuggy. "Concordancia Analítica Greco-Española Del Nuevo Testamento GRECO-ESPAÑOL." In *Concordancia Analítica Greco-Española Del Nuevo Testamento GRECO-ESPAÑOL*, 845. Jackson, Mississippi: Hellenes-English Foundation, 1975.

T. (2023). (Encyclopædia Britannica). Encyclopædia Britannica. Retrieved March 28, 2023, from https://www.britannica.com/topic.

vonBuseck, Craig. "Famous Christian Women Who Changed the Modern World." *Focus on the Family*. Last modified April 4, 2022. Accessed May 3, 2023. https://www.focusonthefamily.com/parenting/famous-christian-women-who-changed-the-modern-world/.

Mujer, ¿dónde estás?

Poniendo a la Mujer en su Lugar

Hugo Eduardo Martínez Loustaunau
www.vidazoeglobal.com
Teléfono: 001 909 562 6844
San Bernardino, California
Estados Unidos

9 781312 628915

Copyright© 2023

Lulu Publishing y Zoe Christian Fellowship Zoe, Global Ministries

Milton Keynes UK
Ingram Content Group UK Ltd.
UKHW020649200923
429044UK00014B/436